Jean-Baptiste-Bertrand Durban

Essais sur les principes des finances

essai

 Le code de la propriété intellectuelle du 1er juillet 1992 interdit en effet expressément la photocopie à usage collectif sans autorisation des ayants droit. Or, cette pratique s'est généralisée dans les établissements d'enseignement supérieur, provoquant une baisse brutale des achats de livres et de revues, au point que la possibilité même pour les auteurs de créer des oeuvres nouvelles et de les faire éditer correctement est aujourd'hui menacée. En application de la loi du 11 mars 1957, il est interdit de reproduire intégralement ou partiellement le présent ouvrage, sur quelque support que ce soit, sans autorisation de l'Editeur ou du Centre Français d'Exploitation du Droit de Copie , 20, rue Grands Augustins, 75006 Paris.

ISBN : 978-1535298834

10 9 8 7 6 5 4 3 2 1

Jean-Baptiste-Bertrand Durban

Essais sur les principes des finances

essai

Table de Matières

AVERTISSEMENT.	6
INTRODUCTION.	7
CHAPITRE SECOND.	14
CHAPITRE TROISIEME.	19
CHAPITRE QUATRIÈME.	25
CHAPITRE CINQUIÈME.	27
CHAPITRE SIXIÈME.	35
CHAPITRE SEPTIÈME.	39
CHAPITRE HUITIÈME.	41
CHAPITRE NEUVIÈME.	46
CHAPITRE DIXIÈME.	48
CHAPITRE ONZIÈME.	55
CHAPITRE DOUZIÈME.	58
CHAPITRE TREZIÈME.	65
CHAPITRE QUATORZIÈME.	69
CHAPITRE QUINZIÈME.	72

AVERTISSEMENT.

La machine des finances, telle que je la conçois, est une machine simple qu'on a inutilement compliquée, faute de la bien connaître. En me bornant à l'envisager du côté des principes, je n'avais donc que la matière d'un fort petit ouvrage.

D'ailleurs, quiconque a, sur les différentes branches dont est composée la finance, quelques notions un peu justes, n'aura pas de peine à se convaincre, que de toutes les parties de l'administration, c'est celle qui fournit le plus à l'action et le moins aux préceptes.

D'un principe posé, je n'ai tiré, ni toutes les conséquences possibles, ni toutes les conséquences intermédiaires qui liaient la mienne à ce principe. J'ai fait ce qu'on est forcé de faire, quand on remonte à la nature des choses, pour fonder des règles générales par une suite de raisonnements enchaînés de près les uns aux autres : j'ai donné moins à lire qu'à penser.

On verra que mon but a été de perfectionner des plans connus, et non de créer des systèmes.

Que dans les matières de pure spéculation, la théorie s'exerce à produire d'ingénieuses nouveautés, ses écarts mêmes peuvent servir indirectement à hâter les progrès de l'esprit humain vers les connaissances utiles. Mais en fait d'administration, tout doit se plier aux lois de la pratique, qui ne veut que des plans, et rejette ce qui ne peut s'assujettir à la marche ordinaire de ses opérations.

Le système de finance le mieux imaginé, n'est donc en soi qu'une belle chimère ; s'il n'est étayé d'un plan démontré praticable en tout point, jamais Ministre sage n'osera le risquer. Tout système sans plan doit être à ses yeux, ce qu'est à ceux du calculateur exact, résultat d'une addition composée. Ce résultat peut être bon, mais il ne l'admet comme tel, qu'après avoir vérifié par la soustraction la justesse de son premier calcul.

À l'égard du style, j'ai tâché de l'assortir à la gravité du sujet ; je n'ai sacrifié le mérite d'être précis, que quand il a fallu chercher le mérite encore plus grand d'être clair.

Je crois n'avoir dit que très-peu de choses neuves : mais si des vérités déjà connues tirent de nouveaux degrés de force et de lumière,

Jean-Baptiste-Bertrand Durban

soit de l'ordre dans lequel je les rassemble, soit des applications que j'en fais ; si en convenant de la justesse des principes en eux-mêmes, les Lecteurs éclairés et sans passions, (les seuls pour qui j'écris) découvrent encore dans les conséquences exprimées ou sous-entendues qui en dérivent, la réponse à toutes les objections que je n'aurais pu me faire, sans sortir des bornes que je m'étais prescrites ; l'ouvrage aura rempli mes vues et passé de beaucoup mes espérances.

INTRODUCTION.

L'intérêt qu'avait chaque individu de mettre sa vie et ses propriétés à couvert de la violence et de l'avidité du plus fort, est le motif qui, dès les premiers âges du monde, a porté les hommes à se réunir en société : fonder le bonheur commun sur un ordre public qui fît la sureté personnelle de chaque individu, et qui lui assurât la jouissance libre et tranquille de ses propriétés, a dû être conséquemment l'objet de toute société naissante.

Quelque simple que cet ordre ait été dans son origine, puisqu'il dérivait de l'idée primitive du juste et de l'injuste, telle que l'homme isolé avait pu la concevoir, éclairé par les seuls besoins naturels, il a fallu que la société, d'un commun accord, en réglât tous les points par une convention expresse, à l'exécution de laquelle chaque volonté devait se porter avec une détermination d'autant plus fixe, que la conservation des personnes et des propriétés, cause motrice de la réunion, en était le principe et le but.

L'ordre public une fois déterminé, la recherche des moyens propres à le maintenir, a dû suivre immédiatement. Le besoin d'une autorité qui punît les infracteurs, qui forçât les rebelles à l'obéissance, s'est présenté d'abord ; mais on a dû sentir en même temps qu'elle ne pouvait résider dans le corps entier de la société : car des hommes isolés qui s'unissaient librement, étaient nécessairement égaux dans la société dont ils se rendaient membres. Si vous supposez un pouvoir coercitif inhérent au corps de cette société, il est évident qu'à raison de l'égalité des membres, chacun d'eux devait jouir d'une égale portion dans la masse totale de ce pouvoir : or, où tous auraient eu le même droit de commander, aucun n'aurait pu être dans l'obligation d'obéir. Il a donc fallu que l'exercice de l'autorité nécessaire pour maintenir l'ordre constitutif fût remis à un seul ou à plusieurs, et c'est l'origine des différents gouvernements.

Mon dessein n'est pas d'en discuter ici les formes particulières, pour déterminer politiquement par la balance de leurs avantages et de leurs inconvénients respectifs, quel est le meilleur de tous. Forcé par la nature même du plan que j'embrasse, à choisir de préférence un genre de gouvernement, j'abrégerai autant qu'il est possible les raisons que je dois donner de mon choix, en abandonnant toutes les spéculations de la sagesse humaine, pour suivre par des routes plus sures un guide qui m'égarera moins.

Persuadé que dans les lois simples et immuables par lesquelles il régit la nature, le Créateur a tracé le modèle des institutions qui devaient conduire l'homme à la plus grande somme de bonheur que puisse comporter l'imperfection de son être ; je fixe mon attention sur le gouvernement paternel, sur l'autorité que la nature elle-même donne au père sur ses enfants. Je vois dans ce gouvernement, l'intérêt de celui qui commande, identifié avec l'intérêt de ceux qui obéissent ; le bonheur de tous en particulier y est le bonheur commun : de-là je conclus que toutes les volontés y doivent nécessairement et continuellement concourir au même but, et cette conséquence achève de m'en démontrer la perfection.

Je cherche ensuite si l'unité d'intérêts qui fait la perfection du gouvernement paternel, peut exister dans le gouvernement d'une société. Je compare une famille à un peuple ; j'examine la nature et l'espèce des besoins qu'éprouvent séparément et collectivement les individus qui composent l'un et l'autre, je les suis dans tous les rapports possibles, et par une foule de résultats analogues, je parviens à me convaincre que le gouvernement d'une société où le pouvoir réside dans les mains d'un seul, peut en effet comporter la même perfection que le gouvernement paternel.

Je prends donc pour base de mon plan, l'autorité nécessaire au maintien de l'ordre public, remise à un seul, comme la meilleure forme de gouvernement possible ; et en suivant cette hypothèse, je passe à l'examen des conditions auxquelles le chef et ceux qui l'établissaient ont dû s'obliger réciproquement.

J'observe d'abord que ces conditions devaient tendre à

confondre tous intérêts dans un seul ; par la raison qu'elles étaient nécessairement toutes puisées dans les principes du gouvernement paternel, le seul que connaissaient des hommes isolés jusqu'alors, et qui ait pu conséquemment servir de modèle et de règle aux institutions des premières sociétés. Le chef a donc promis de maintenir en tout point l'ordre constitutif qui assurait à chaque membre sa propre conservation avec la jouissance libre et tranquille de ses propriétés, soit contre les infractions du dedans, soit contre les invasions du dehors ; les membres, de leur côté, ont promis d'obéir au chef, et d'unir leurs forces aux siennes, toutes les fois qu'il le jugerait nécessaire pour assurer la tranquillité publique. Ainsi l'autorité du chef et la sureté des membres, ne pouvant exister que par le maintien de l'ordre, le concours de toutes les volontés devait évidemment se diriger sans cesse vers ce but commun.

Jusqu'ici nous avons considéré le gouvernement des sociétés sous la forme la plus simple, en faisant, de l'ignorance et des seuls besoins des premiers individus qui les ont formées, la mesure de leurs institutions. Si nous observons maintenant combien les idées primitives du juste et de l'injuste, telles que l'homme isolé avait pu les concevoir, ont dû se composer à mesure qu'il a pénétré dans la science du bien et du mal ; ce que la découverte et la jouissance de nouveaux biens ont excité de désirs et allumé de passions ; combien l'industrie, l'activité, l'avance et l'astuce ont dû mettre insensiblement d'inégalités dans les propriétés particulières ; l'indépendance et l'ambition des riches, suite nécessaire de la considération, du crédit et de la prépondérance qui tiennent naturellement aux grandes possessions ; leurs entreprises sur les droits et les propriétés des pauvres ; la résistance de ceux-ci ; le choc continuel de l'intérêt particulier avec l'intérêt général, sur des points que la simplicité de l'ordre constitutif n'avait pas prévus ; nous sentirons que chaque société menacée d'une dissolution prochaine par le progrès intérieur des dissensions et de l'anarchie, ne pouvait recouvrer sa première consistance, qu'autant que des institutions nouvelles remédieraient à tous les maux dont l'état social avait développé le germe.

Si nous considérons ensuite combien la diversité des positions, la nature du sol, le climat et ses influences tant au moral qu'au physique, avaient dû mettre peu à peu de différences entre les sociétés mêmes ; la supériorité de richesses et de population, que la culture d'un terrain plus fertile, aidée par une industrie plus active, avait donnée progressivement aux unes, sur celles qui ne jouissaient de ces avantages, qu'à des degrés inférieurs ; l'esprit de domination, les vues d'agrandissement et de conquêtes, que le sentiment de ses forces inspire toujours au plus puissant ; nous reconnaîtrons qu'indépendamment des nouvelles institutions propres à raffermir leur consistance particulière, les sociétés avaient encore besoin d'une réunion des faibles entre elles, qui pût servir de barrière aux entreprises du plus fort, en servant de contrepoids à sa puissance.

Du concours de toutes ces causes ; nous conclurons donc, 1°. qu'après certaines révolutions de tems, il s'est nécessairement formé des sociétés nouvelles, plus nombreuses et plus étendues que les premières. 2°. Qu'encore que l'origine des différents gouvernements se rapporte naturellement à l'institution des premières sociétés, il est probable néanmoins que les individus qui les composèrent n'ayant pu se former l'idée d'un ordre public sur d'autres principes que ceux du gouvernement paternel, la diversité n'eut lieu qu'à la formation des secondes.

Alors le chef d'une société conquérante fonda le despotisme. Soit qu'ébloui par l'éclat de ses qualités personnelles, les vainqueurs et les vaincus aient unanimement consenti l'abrogation de toute espèce de loi, pour se soumettre à ses seules volontés ; soit qu'après avoir assujetti d'abord les vaincus au joug d'une autorité sans bornes, il ait ensuite employé leurs forces à opprimer également les vainqueurs.

La réunion spontanée de plusieurs sociétés en une seule, donna d'un autre côté naissance aux différentes formes du gouvernement républicain. Les maux dont chaque société gémissait, et qui n'avaient leur source que dans l'insuffisance des institutions primitives, comparées aux nouveaux degrés de dépravation que l'état social avait produits, furent attribués par de fausses conséquences à la nature même de ces institutions. Plus les principes en étaient simples, plus on crut perfectionner en les compliquant ; et d'une foule de combinaisons abstraites, l'esprit humain tira la démocratie, l'aristocratie, et toutes les formes mixtes qui participent de l'une et de l'autre, dans des proportions inégales.

Jean-Baptiste-Bertrand Durban

Mais si l'erreur écarta quelques-unes des nouvelles sociétés du modèle de gouvernement tracé par Dieu lui-même dans les lois de la nature, celles qui en reconnaissaient l'excellence conservèrent dans toute sa pureté la forme qui lui était analogue. En se réunissant, elles choisirent entre leurs chefs le plus puissant ou le plus sage, dans les mains de qui l'autorité fut remise ; des dignités, des richesses, le crédit, la considération, la confiance du Souverain dédommagèrent les autres du droit qu'ils perdaient de commander, et les plièrent peu à peu à la nécessité d'obéir.

Sur les principes de l'ancien ordre public, on dressa des institutions nouvelles, dont les dispositions plus étendues remédiaient aux inconvénients que les progrès de la dépravation avaient fait naître depuis la formation des premières sociétés, et à ceux qu'il était possible de prévoir au moment de la réunion. Ces institutions devinrent la base d'un nouveau contrat entre le Souverain et les sujets, qui ne fut à proprement parler que le développement et l'expression plus précise de toutes les obligations réciproquement imposées par le contrat primitif.

Afin que l'intérêt commun ne pût être balancé dans le cœur du Souverain, par aucun intérêt particulier, le droit de succession fut créé en faveur de ses descendants : on stipula seulement qu'à défaut de postérité directe et collatérale, la nation rentrerait dans le droit originel d'élire à son choix un nouveau chef.

Si depuis l'origine des sociétés, l'expérience avait appris de combien de développement la communication rendait l'esprit humain susceptible, on ne pouvait se dissimuler qu'en avançant vers le bien, ses progrès du côté du mal avaient été du moins aussi rapides ; qu'une multitude de vices inconnus, nés successivement les uns des autres, avaient produit des infractions et des crimes que les premières institutions n'avaient pû prévoir ni conséquemment réprimer ; et que malgré l'extension donnée aux nouvelles, le désordre succéderait bientôt à la tranquillité dont on allait jouir, si l'état n'était constitué de manière que le frein des lois pût aisément recevoir de nouveaux degrés de force, à mesure qu'une dépravation plus grande offrirait de nouveaux genres de délits à prévenir ou à venger. On remit donc au Souverain le pouvoir de faire des lois nouvelles, d'interpréter, de modifier et de changer les anciennes quand les besoins de la société l'exigeraient. En même temps on détermina les formes particulières, qui en imprimant à ces lois le sceau de l'autorité, devaient assurer leur exécution.

Le droit d'accorder des honneurs, des distinctions, des récompenses, fut aussi joint à la souveraineté. Si l'exercice de cette prérogative devait introduire de nouveaux degrés d'inégalité dans les fortunes et les rangs des particuliers, ces inégalités répugnaient d'autant moins à l'essence du gouvernement, que la constitution même tendant à faire concourir perpétuellement toutes les volontés au maintien de l'ordre public, le concours ne pouvait que devenir plus empressé, plus constant, en proportion du plus grand nombre d'avantages personnels qu'on aurait à conserver. D'ailleurs, en liant les citoyens des premières classes au bien-être de la société, par des nœuds plus étroits, ces inégalités étaient encore un motif d'émulation pour ceux des classes inférieures, dont les vertus, les talents et le travail pourraient tourner à l'utilité commune. On avait reconnu que l'égalité parfaite entre les citoyens était une spéculation chimérique ; parce qu'en général chaque individu poussé par un appétit naturel et violent, à étendre et multiplier ses jouissances, est diversement doué des qualités morales et physiques, dont un partage égal pourrait seul les mener tous au même point : qu'ainsi tout gouvernement qui prendrait cette égalité des citoyens pour base, renfermerait en lui-même un principe de destruction d'autant plus évidente, qu'il contrarierait directement la nature ; et que dès-lors quelque sévères que fussent les lois opposées par le système de l'égalité à l'appétit de jouir, la violence et la continuité de ses efforts parviendraient tôt ou tard à les enfreindre, et finiraient par les anéantir.

En étendant tous les besoins connus dès la formation des premières sociétés, les changements survenus depuis en avaient engendré de nouveaux. Des possessions plus vastes, habitées par un peuple plus nombreux, obligeaient d'étendre et de multiplier les ressorts destinés à mouvoir toutes les parties de l'administration ; et les dépenses nécessitées par le maintien de l'ordre public devaient croître, en proportion de l'espèce et du nombre d'Agents intermédiaires, que la force centrale mettrait en action.

On ajoutait à ces premières considérations le respect que l'éclat et la majesté du Trône devaient concilier à la personne du Souverain, tant de la part des étrangers que de celle de ses sujets ; les encouragements nécessaires aux progrès de tous les Arts utiles ; le besoin d'une force tutélaire qui, sans détourner le citoyen industrieux de ses travaux paisibles, pût venger les injures de la nation, contenir des voisins ambitieux, ou résister à leurs attaques ; enfin une multitude d'objets nouveaux auxquels il était évidemment impossible de subvenir, sans imposer sur la société entière des contributions proportionnelles aux facultés de chaque particulier, et qui venant se réunir dans les mains du chef, avec le produit de ses propriétés personnelles, le missent en état de pourvoir tout.

Mais ces contributions ne pouvaient être fixes et invariables, par deux raisons ; l'une, que depuis la formation des premières sociétés, la progression des besoins démontrée par l'expérience, supposait évidemment encore une nouvelle progression à venir : l'autre, que suivant le cours des vicissitudes humaines, ces mêmes besoins devaient éprouver des variations continuelles dans leur nature, comme dans leur étendue. On convint donc que le Souverain, chargé de toute l'économie du gouvernement, jouirait du droit d'établir les contributions, de les augmenter, de les réduire ; parce que lui seul pouvait, suivant les conjonctures, mesurer l'espèce et la quotité des secours, sur la multitude, la nature et l'urgence des besoins. Plus la constitution tendait à fondre tous les intérêts dans un seul, en faisant du bonheur de la société celui du Souverain, moins il était à craindre qu'il voulût accabler ses sujets sous le poids des subsides. Ce fut aussi par un principe d'ordre et d'uniformité, plutôt que de défiance, qu'on fit dépendre l'authenticité des lois relatives aux contributions, des formes particulières déjà fixées pour les lois civiles. Tout fut envisagé sous les rapports les plus propres à resserrer les liens de l'amour mutuel. Les sujets jurèrent d'obéir au Souverain, de le respecter et de l'aimer comme leur père, le Souverain jura de gouverner et d'aimer ses sujets comme ses enfants, et telle fut l'origine de la Monarchie.

Je ne la suivrai pas dans la marche progressive qu'elle a tenue jusqu'à nos jours ; parce qu'il est inutile à mon sujet de rechercher les obstacles qu'elle éprouva des différents principes hétérogènes que la nécessité des circonstances la força d'admettre à certaines périodes. Je n'examinerai pas non plus si sa forme essentielle, telle que je viens de l'esquisser rapidement, subsista dès l'établissement

INTRODUCTION.

des secondes sociétés ; ou si cette forme ébauchée seulement alors, ne reçut sa perfection que de l'expérience acquise dans des temps postérieurs, et des nouveaux développements de l'esprit humain. Il me suffit d'avoir montré que de tous les gouvernements, le monarchique devait être évidemment le meilleur, parce qu'il est organisé de manière que tous les intérêts particuliers y tendent naturellement à n'en former qu'un seul ; qu'ainsi le concours de toutes les volontés dirigées sans cesse vers le but commun de l'intérêt général, maintient entre ses différentes parties, l'harmonie la plus simple et la plus constante, et donne à tous ses ressorts une solidité et un ensemble qui les mettent en état de résister aux secousses les plus fortes.

J'ai dit que dans la monarchie, le droit d'établir les contributions, de les augmenter, de les réduire, résidait dans la personne du Souverain comme toutes les autres branches du pouvoir législatif, et aux mêmes conditions. J'examinerai dans les Chapitres suivants quel est le meilleur usage que le Souverain puisse faire de ce droit, pour l'utilité commune, sans entrer néanmoins trop avant dans des matières sur lesquelles, eu égard à la multiplicité des détails et aux vicissitudes dont ils sont susceptibles, on ne peut poser clairement et immuablement que des principes.

CHAPITRE SECOND.
Des Contributions.

Les contributions dans la monarchie, ne peuvent être perçues qu'en argent : destinées à des besoins de tout genre, il est indispensable qu'elles soient acquittées avec le signe qui représente toutes les valeurs.

Qu'on suppose une monarchie agricole, où l'impôt se percevrait en denrées : j'avoue que les denrées perçues pourvoiraient en nature à une partie des besoins ; mais pour subvenir à l'autre, on serait évidemment forcé d'en convertir le surplus en argent : or, tout échange de denrées pour de l'argent est commerce, et comme le maintien de l'ordre public, la conservation même de la société dépendraient du plus ou du moins de promptitude et d'avantages avec lesquels se ferait cet échange ; il est encore évident qu'on serait forcé d'assurer au commerce des denrées de l'État une préférence exclusive. De-là mille obstacles, qui en gênant les échanges des citoyens entre eux ou avec l'étranger, nuiraient à la reproduction et tariraient par une fuite nécessaire les principales sources de la richesse commune.

Que d'un autre côté le Monarque soit attaqué par un voisin puissant, et que l'égalité de leurs forces ait produit d'abord une balance de succès et de revers, qui éloigne l'événement décisif : comment parviendra-t-il à se le rendre favorable, quand après avoir épuisé ses ressources présentes, il ne lui restera pour frayer aux dépenses de tout genre, que des denrées en nature ? denrées dont l'échange deviendra plus difficile encore, en proportion des entraves que la guerre aura mises au commerce étranger ; puisque c'est avec l'étranger seul que tout pays agricole peut échanger le superflu de ses productions.

Ajoutez à cela, 1°. que le produit de l'impôt en nature fera nécessairement fournis à toutes les vicissitudes des récoltes ; car l'expérience a démontré que le haut prix des denrées, dans les temps de disette, ne rendait jamais ce que rend leur bas prix dans les temps d'abondance. Or, s'il est vrai qu'un État ne conserve sa vigueur qu'autant que dans chaque circonstance ses forces et ses ressources peuvent se proportionner à ses besoins, il sera évident que la monarchie agricole dont nous parlons, pencherait vers sa ruine, dès que la progression de l'abondance ne suivrait pas avec l'exactitude la plus précise celle des événements.

2°. Qu'encore que le nombre et l'étendue des besoins d'une monarchie soient susceptibles d'une augmentation très-forte, à raison des secousses plus violentes qui peuvent l'agiter ; cependant les droits sacrés de la propriété qui assurent à chaque citoyen sa subsistance avant tout, ne permettent dans tous les cas possibles qu'une légère augmentation sur l'impôt en nature, si même ils ne l'excluent pas tout à fait. Qu'ainsi de deux monarchies égales en tout, à la seule différence que l'une percevrait ses contributions en denrées et l'autre en argent, (supposé toutefois que cette différence admise, l'égalité puisse exister dans le reste, ce que je ne crois pas) la seconde, par des ressources plus abondantes suffirait incontestablement à des besoins plus étendus et plus nombreux : car l'impôt en nature ne peut porter que sur la production brute,

CHAPITRE SECOND.

dans une proportion relative à la totalité du produit du sol, comme la denrée sur laquelle il est assis, peut seule servir à l'acquitter : au lieu que l'impôt en argent porte également sur la production façonnée après que l'industrie en a triplé, sextuplé, décuplé la valeur ; comme toute denrée susceptible d'échange avec l'argent, devient dans les mains du contribuable un moyen d'acquitter l'impôt.

Sans envisager la question sous ses autres faces, il suffit, je pense, de ces premières réflexions pour détruire tout ce que l'esprit de système alléguerait en faveur de l'impôt en nature ; et pour prouver que les inconvénients du tout subsistant nécessairement dans chacune de ses parties, en même raison que cette partie est au tout, une portion quelconque de l'impôt, perçue en nature, serait toujours un vice dans la constitution monarchique.

Il y a plus, le vice serait encore le même dans tout autre corps politique ; car du moment où pour la facilité des échanges, l'argent, par une convention générale, a représenté toutes les valeurs, il est sensible, quelque forme de gouvernement qu'on admette, que le produit des contributions n'a pu remplir à propos chacune de ses destinations particulières, ni suivre la proportion des besoins, qu'autant qu'elles se sont perçues en argent. Je passe maintenant aux deux classes dans lesquelles ce dernier genre de contribution se divise.

La première est celle des impôts personnels,[1] qu'on doit regarder comme les plus onéreux. En effet, toute contribution attachée à la personne ou à la propriété, devient une charge que le citoyen est forcé de prélever avant tout sur sa subsistance, ses commodités, ou son superflu. Cette charge est d'autant plus pénible qu'on s'exagère à soi-même l'idée des jouissances dont elle emporte la privation : à mesure que l'épuisement général ou particulier rend les moyens de l'acquitter difficiles, la rigueur et les frais du recouvrement viennent encore en aggraver le poids, et le malheureux à qui le travail de chaque jour fournit à peine l'étroite subsistance, ne peut y subvenir que par des retranchements continuels sur les premiers besoins de l'humanité.

La seconde est celle des impôts sur les consommations. Ceux-là

---

[1] Ici sous le titre d'impôts personnels, je comprends aussi l'impôt territorial, et il en sera de même partout où je n'en ferai pas expressément la distinction.

sont évidemment moins onéreux, en ce que le droit s'identifiant avec la denrée même, l'objet de l'un se confond avec la valeur de l'autre. Nul n'est soumis annuellement à telle ou telle somme déterminée : c'est une espèce de tribut volontaire que le désir paye à la jouissance, et la sensation de l'impôt devient presque nulle, par l'attrait du plaisir qu'on se procure en l'acquittant. Tout l'art consiste à l'instituer de manière qu'en exemptant d'abord le premier ordre des denrées de nécessité, le droit commence à porter faiblement sur le second, et s'élève ensuite par des quotités progressives jusqu'aux derniers degrés du superflu. L'impôt, alors, outre l'avantage de laisser chaque particulier maître de ne contribuer qu'autant que ses facultés le permettent, se répartit pour ainsi dire de lui-même avec le plus d'égalité possible.

On peut donc établir, 1°. que les contributions en argent sont les seules que la constitution monarchique admette aujourd'hui. 2°. que parmi ces contributions, l'impôt sur les consommations est évidemment préférable à l'impôt personnel.

Si l'on objecte qu'où le particulier sera libre de contribuer ou de ne pas contribuer, l'impôt peut éprouver des variations qui dans certains cas, rendront son produit inférieur aux dépenses qu'il devait remplir : Je répondrai que l'appétit naturel de chaque individu, pour jouir et multiplier ses jouissances, irrité sans cesse par l'exemple de ceux que des facultés plus étendues mettent à portée de jouir davantage, anéantit dans le fait l'usage de cette liberté : qu'ainsi le produit de l'impôt sera toujours relatif à l'aisance des contribuables : et que l'agriculture et le commerce, sources de cette aisance, devant être perpétuellement encouragés par une nature d'imposition, qui n'enlève aucun des mobiles nécessaires à la multiplication de la richesse commune, qui respecte les premiers besoins, et ne s'étend aux autres, qu'autant que le contribuable a la faculté présente et la volonté de l'acquitter, plus l'impôt dirigé par la règle proportionnelle que nous avons établie portera sur les consommations, plus sa perception sera assurée et son produit avantageux.

Il se présente ensuite deux questions qu'il peut être intéressant de résoudre.

À raison de la préférence, que l'impôt, sur les consommations,

CHAPITRE SECOND.

doit avoir sur l'impôt personnel ; pourrait-on dans la monarchie, réduire la totalité des contributions au premier de ces deux impôts ?

Ou s'il est impossible de s'y passer de l'impôt personnel, quelle doit être sa proportion avec l'impôt sur les consommations dans la somme totale du revenu ?

On ne trouve la réponse à ces deux questions, qu'en remontant au premier principe de la richesse d'un État, qui est incontestablement l'abondance et la multitude de ses productions. Plus dans chaque espèce l'abondance est grande, plus les besoins des citoyens satisfaits, il reste sur cette espèce d'objets d'échange avec l'étranger ; plus les espèces de productions sont multipliées, plus la solde des échanges de tout genre est considérable en argent. Cet argent porté dans les canaux de la circulation, par l'activité des opérations du commerce, augmente sans cesse la masse du numéraire, vivifie en le répandant l'industrie de main-d'œuvre, et finit, après mille détours, par verser son influence bienfaisante sur l'industrie productrice, qu'il encourage également à de nouveaux efforts.

Mais le superflu des productions ne devient richesse, qu'autant que l'échange en est sûr et facile, et ces deux avantages dépendent essentiellement du prix auquel l'échange est ouvert. Si vous chargez les denrées outre mesure, la quotité de l'impôt ajoutée à leur valeur première, les met hors d'état de concourir avec celles que l'étranger qui s'approvisionnait chez vous peut tirer d'ailleurs ; et ces denrées qui vous restent, portent à la reproduction le contrecoup le plus fâcheux.

J'avoue que si vous jouissez exclusivement de certaines productions celles-ci, tant à raison de leur degré de nécessité que de l'obligation absolue de les prendre chez vous, peuvent généralement supporter un droit plus fort ; mais prenez garde qu'ici même le poids de l'impôt, loin de pouvoir être arbitraire, est soumis comme dans les autres cas, à des règles de proportion : car toute denrée commerçable de quelque nature qu'on la suppose à sa valeur relative, déterminée par celle des denrées du même ordre. L'acheteur, qui ne sera point rebuté d'une augmentation passagère que la rareté ou la disette occasionnent, s'éloigne dès qu'on lui parle d'un surcroît d'impôt qui la rendra permanente. L'attrait de la jouissance diminue pour lui, moins encore par la raison du surenchérissement qu'on y met, que par celle de l'injustice qu'il croie apercevoir dans l'abus qu'on veut faire de ses désirs ou de ses besoins. Il renonce enfin à la denrée, plutôt que de se la procurer à des conditions qui lui répugnent ; et l'industrie aiguillonnée par la privation, lui suggérant presque toujours des moyens de la remplacer, vous perdez du côté des richesses nouvelles, que les bénéfices de l'échange apportaient à l'État, cent fois plus qu'il n'aurait pu gagner du côté de l'impôt.

De-là je conclus que la balance[1] du commerce est le thermomètre qui doit régler les différents degrés de l'impôt sur les consommations ; et je réponds à la première question : qu'en comparant ce que cette balance permet aujourd'hui d'imposer, avec le nombre et l'étendue des besoins d'un grand État, il est évidemment impossible que l'impôt sur les consommations y subvienne, et nécessaire par conséquent de recourir à l'impôt personnel.

Je réponds à la seconde, que le premier de ces deux impôts ayant sur l'autre une foule d'avantages démontrés, et particulièrement celui de ne pouvoir nuire à la reproduction ni à la multiplication de toutes les richesses communes, tant que la balance du commerce lui sert de règle et de mesure ; il ne doit s'arrêter qu'au point où cette balance courrerait risque d'être rompue par la surcharge ; qu'alors c'est à l'impôt personnel à fournir ce qui se trouve d'excédent en besoins, le produit des droits sur les consommations absorbé ; et pour réduire cette réponse à ses moindres termes, je dirai que l'impôt sur les consommations doit être le revenu principal, et l'impôt personnel le supplément.

CHAPITRE TROISIEME.
De l'impôt personnel.

Cet impôt, considéré simplement comme branche supplémentaire

---
[1] J'appelle balance du commerce les prix proportionnels et relatifs que les denrées doivent avoir entre elles pour la facilité des échanges réciproques de citoyens à citoyens, et de nations à nations.

J'appelle solde du commerce l'argent net qu'une nation retire chaque année du prix des denrées qu'elle a vendues au-dehors, déduction faite du prix de celles qu'elle en a tirées.

de revenu, n'en est pas moins une charge permanente, ainsi que nous venons de l'établir. Si les inconvénients qu'il entraîne inhérent tellement à sa nature qu'aucun effort humain ne puisse les faire disparaître, on connaît cependant deux moyens de les adoucir ; la modicité de l'impôt en lui-même, et l'égalité de sa répartition.

Le premier de ces deux moyens ne peut dépendre que de la sagesse et de l'économie du gouvernement, puisque tout excédent de besoins, le produit de l'impôt sur les consommations absorbé, doit être pris sur l'impôt personnel ; et qu'une fois celui-là parvenu aux derniers points marqués par la balance du commerce, chaque besoin nouveau, chaque dépense extraordinaire, devient un accroissement indispensable pour celui-ci.

Quant à l'égalité de la répartition, trois routes y conduisent ; toutes trois relatives à la manière dont l'impôt personnel se repartit, par provinces, par lieux, et par contribuables.

Connaître à fond la richesse de toutes les provinces, tant du côté de la population et des productions, que du côté de l'industrie et du commerce, afin de pouvoir déterminer par la balance de leurs forces respectives, quelle portion chaque province doit supporter de la masse totale de l'impôt.

Connaître également la richesse de tous les lieux, dont chaque province est composée, afin de diviser équitablement entre eux, la portion d'impôt que la province doit fournir.

Connaitre dans chaque lieu distinctement et jusques dans les moindres détails, la richesse et les ressources de chaque contribuable, afin de leur répartir dans la proportion la plus égale, la somme pour laquelle chaque lieu participe à l'imposition de la province.

Il est malaisé sans doute de remplir parfaitement ces trois objets, quoique d'ailleurs la possibilité en soit évidente. Les deux premiers supposent un gouvernement attentif, éclairé, vigoureux ; des ministres aussi fermes à vouloir le bien, qu'infatigables dans la recherche des moyens propres à l'opérer ; ils supposent encore dans les agents à qui l'administration confie le soin de chaque province, des vues analogues aux principes du gouvernement, un zèle tempéré par la réflexion, des connaissances étendues et perfectionnées par l'expérience, un esprit juste, un cœur humain, droit, incorruptible ; tel enfin qu'au milieu de tous les prestiges que les passions emploieraient pour le tromper ou le séduire, rien ne pût l'écarter de la règle du devoir. Plus toutes ces causes concourront ensemble, plus leur concours aura d'activité et d'harmonie, et plus on approchera du point d'équilibre sur les deux premiers degrés de la répartition de l'impôt personnel : de même que dans l'hypothèse contraire, les abus se multiplieront nécessairement en raison inverse.

La connaissance juste et précise des facultés de chaque contribuable, qui doit régler la mesure de cet impôt au troisième degré, de la répartition, ne rencontre pas les mêmes difficultés. On parviendra toujours à l'acquérir ; en laissant aux contribuables le soin de se répartir eux-mêmes la somme imposée chaque année, sous l'autorité d'officiers publics, dont la présence maintienne le calme et l'ordre dans les assemblées, qui pèsent avec équité les raisons données de part et d'autre, et statuent définitivement sur tous les points contestés entre l'intérêt particulier et l'intérêt général. Ne craignez point qu'alors le riche opprime le pauvre. S'il arrive qu'un seul en impose sur la nature, l'objet et la valeur des fruits de ses propriétés, ou sur l'étendue des bénéfices de son industrie, son voisin, son parent, son ami deviendra son délateur : toutes les voix s'élèveront avec d'autant plus de force que dans l'intérêt général chacun voit ici distinctement son intérêt personnel ; et du sein de la contradiction sortira la vérité. L'unique inconvénient possible, serait que les officiers gagnés prévariquassent ; mais en cas d'injustice de leur part ou de partialité manifeste, les contribuables lésés auraient droit de se pourvoir à des Tribunaux supérieurs ; et l'exemple d'un seul prévaricateur puni, en contiendrait mille autres.

Je reviens encore sur ce que j'ai déjà dit par une dernière observation, qui ne peut être regardée comme inutile. C'est qu'à raison de la difficulté dont il est de rendre de la force et de l'énergie à une administration languissante, et du défaut d'institutions capables de former des hommes propres à prévenir constamment l'inégalité aux deux premiers degrés de la répartition de l'impôt personnel, les inconvénients de cette inégalité sont aussi les moindres en ce que la surcharge quelle qu'on puisse raisonnablement la supposer, n'est jamais assez forte, pour devenir très-sensible dans la quote

CHAPITRE TROISIEME.

particulière de chaque contribuable ; et qu'aucun d'eux n'est d'ailleurs assez instruit des opérations du gouvernement, ni de l'état actuel des provinces ou des lieux favorisés, pour pouvoir par des conséquences infaillibles se démontrer à lui-même la lésion qu'il éprouve : au lieu qu'au troisième degré de cette répartition, degré où les inconvénients de l'inégalité se multiplient d'autant plus, que par la comparaison journalière de ses facultés avec celles de son voisin, tout contribuable lésé peut acquérir la connaissance intuitive de l'injustice qu'on lui a faite, et qu'indépendamment des privations et des embarras qui lui sont occasionnés par la surcharge, le sentiment de cette injustice peut encore le conduire au découragement, à l'émigration, et à toutes les extrémités funestes que l'oppression traîne après elle ; à ce degré dis-je, où l'arbitraire produirait les plus grands maux, on trouve pour l'éloigner la ressource des lois positives ; lois simples dont le code est presque déjà rédigé en entier, et dont il ne s'agirait que d'assurer l'exécution, en y ajoutant quelques dispositions de plus.

Tel est l'ordre de la nature, qu'on y découvre partout une égalité constante de biens et de maux, tant au physique qu'au moral ; et que par une suite de la même loi de compensation, il semble que proportionnellement aux dangers d'un mal, on en trouve plus près le remède.

La méthode à laquelle je me fixe pour la répartition, est si évidemment la meilleure, qu'il serait inutile d'insister sur sa supériorité, par l'examen des vices et de la défectuosité de toutes les autres. Cependant je ne puis m'empêcher de dire un mot du cadastre, dont la forme régulière et géométrique saisie d'abord avec avidité, a produit une illusion éphémère qui subsiste même encore dans quelques esprits.

Le Milanais, l'une des plus fertiles contrées de l'Europe, est, dit-on, celle qui possède aujourd'hui le cadastre le mieux fait. Sa confection pour 2387 communautés que le Duché contenait alors, a couté vingt ans de travail assidu, sans y comprendre les suspensions, et au moins neuf millions de dépense.

La commission nommée pour présider au cadastre, fit lever dans le cours de ces vingt ans des cartes topographiques de chaque communauté. Chaque carte représente la forme de chaque pièce de terre comprise dans la communauté ; chaque pièce y est numérotée.

À ces cartes on a joint des registres où sont portés le nom du propriétaire, le numéro de la pièce, sa mesure, son genre de culture, sa qualité rangée dans une des trois classes d'appréciation établies, les transports, les mutations d'héritages, en un mot toutes les indications propres à assurer la justesse du cadastre, au moment de sa confection, comme à prolonger son usage ; et c'est sur l'ensemble de ces connaissances, qu'on procède dans chaque district à la répartition de l'impôt territorial.

L'Auteur[1] de qui j'ai tiré ces détails observe que malgré la vigilance des Commissaires, et l'exactitude des Ingénieurs, il s'est glissé dans l'opération un grand nombre de fautes, et il ajoute :

« Dans un pays moins bien cultivé et moins fertile que le Milanais, les changements seraient vraisemblablement assez considérables dans un espace de cinquante années, pour exiger un nouveau travail ; et si une pareille méthode était appliquée sur quarante mille communautés dans les mêmes principes, il parait que la réforme serait devenue nécessaire dans celles par lesquelles on aurait commencé longtemps avant qu'on eût achevé le travail des dernières : dès-lors il serait impossible d'arriver jamais à une balance entre les provinces, qui parait le résultat unique cherché par cette immense et dispendieuse opération. »

Comment d'ailleurs arriver à cette balance dans un grand état, par la seule règle du cadastre, si l'on considère l'espèce et le nombre des causes qui peuvent y coopérer à la richesse de chaque province, indépendamment des propriétés territoriales et de leur produit ? Causes inconstantes qui passent alternativement d'une contrée à l'autre, comme les arts ont fait le tour du monde, ou qui varient sans cesse leur action dans chaque contrée, en raison composée des facilités et des obstacles qu'elles éprouvent ; quoiqu'au total la somme de leurs effets reste la même.

Autant il est aisé de concevoir comment, pour la fixation de l'impôt personnel, l'objet des richesses territoriales peut entrer en considération avec celui des richesses en maisons, usines, rentes constituées, effets commerçables, bénéfices d'industrie, etc. ;

---
1 Principes et observations économiques, tom. 2, quatrième Partie.

CHAPITRE TROISIEME.

autant il répugnerait de supposer que l'imposition territoriale réglée par le cadastre, pût servir d'alignement à l'imposition sur les autres genres de propriétés : et l'une des meilleures preuves de cette impossibilité, existe dans le Milanais même, où l'imposition personnelle, qui porte sur tous les mâles, depuis 14 ans jusqu'à 70, et forme seule le tiers de l'imposition générale, est fixée à une quote égale pour chaque tête, sans égard à la richesse.

On serait surpris avec raison qu'une loi si injuste dans son principe et dans ses effets, eut été regardée comme l'unique préservatif des inconvénients encore plus grands de l'arbitraire, si on ne faisait attention que le même moyen qu'on employait pour parvenir à l'égalité dans la répartition de l'impôt territorial, devait nécessairement écarter celui qui aurait pû la produire dans l'impôt personnel ; parce qu'en fait de plans économiques on ne comprend jamais tout d'un coup que sur des objets de même nature, deux routes diamétralement opposées, puissent mener directement au même but. Ajoutez que la méthode de répartir également l'impôt personnel une fois trouvée, l'inutilité du cadastre, pour la répartition de l'impôt territorial, dérivait de la première réflexion qui se présentait ensuite : c'est-à-dire de la possibilité de fondre les deux impositions en une seule, ou de les soumettre toutes deux à la même règle.

Si dans un aussi petit état que le Milanais, le cadastre s'est trouvé fautif, quelques soins qu'on ait apportés à sa confection, il est à présumer que les fautes se multiplieraient dans la même opération appliquée à un grand état, en proportion du terrain plus étendu qu'elle embrasserait. Or, en joignant à ces premières causes d'inégalité dans la répartition, les variations subites qu'éprouvent alternativement différentes natures de terrains, par des changements ou des altérations dans les couches du globe les plus voisines de sa surface ; et celles qui peuvent également résulter sur le produit des récoltes, des gelées, des inondations, de la différence de culture, et de tous les évènements qui tiennent, soit à l'intempérie des saisons, soit à la négligence ou à l'épuisement du possesseur, on sera forcé de convenir que les inconvénients du cadastre deviendraient insensiblement plus oppressifs que les inconvénients même de l'arbitraire, en ce qu'on pourrait remédier à ceux-ci d'une assiette à l'autre ; tandis qu'un nouveau travail serait l'unique moyen de remédier à ceux-là.

Ces diverses réflexions conduisent définitivement à penser, qu'à raison des dépenses et du temps qu'exigerait sa confection, le cadastre est absolument impraticable dans une vaste monarchie : qu'en y supposant l'opération possible, elle ferait nécessairement défectueuse longtemps même avant d'être achevée : qu'enfin en la supposant à la fois possible et constamment régulière dans toutes ses parties, elle ne ferait propre de sa nature qu'à régler l'imposition territoriale, sans pouvoir être d'aucune utilité pour la répartition de l'impôt personnel proprement dit.

CHAPITRE QUATRIÈME.
De l'impôt sur les consommations.

Nous avons dit que pour assurer les avantages dont ce genre d'impôt est susceptible, il fallait l'établir de manière qu'en exemptant d'abord le premier ordre des denrées de nécessité, le droit commençât par porter faiblement sur le second, pour s'élever ensuite par des quotités progressives jusqu'aux derniers degrés du superflu.

Quel rang chaque denrée doit-elle occuper dans cet ordre graduel ? Comment faut-il la soumettre à l'impôt ? Quelle est la proportion marquée par la balance du commerce, entre l'impôt et les valeurs ? C'est-là que sont posées les bornes où je dois indispensablement m'arrêter, par deux raisons.

L'une, que je n'ai promis que des principes.

L'autre, que l'application des principes aux détails, par des solutions justes et précises à chacune de ces trois questions, supposerait un ensemble de connaissances générales et particulières qu'un homme isolé ne peut acquérir par ses propres recherches ; et qu'il pourrait à peine se procurer dans les cabinets des Ministres, qu'on ne lui ouvrirait peut être qu'avec difficulté.

Car tout ce qui tient à l'intérieur de l'administration, fait partie de ce qu'on nomme le *Secret de l'état*, qu'il importe d'autant plus de cacher soigneusement à la curiosité des particuliers, que la possibilité seule de le pénétrer, fournissant à quiconque se vanterait de l'avoir fait, un prétexte spécieux de dogmatiser, chaque jour verrait éclore une foule de systèmes nouveaux, à qui leur absurdité même attirerait des partisans ; parce qu'en fait d'économie politique, le commun des lecteurs ne voit rien au-delà du côté séduisant qu'on lui présente, et adopte sans examen l'idée qui l'éblouit le plus. Delà mille opinions aussi fausses que bizarres, qui après avoir servi de matière à des discussions oiseuses, pourraient ensuite dégénérer en esprit de parti ; mais dont l'effet le plus infaillible est de mener par la critique au dégoût du gouvernement sous lequel on vit ; et de relâcher de plus en plus les nœuds de l'amour mutuel qui unit les Peuples à leur Souverain.

Dès qu'il est question d'asseoir et de régler l'impôt, les observations particulières les mieux faites, ne peuvent conduire à des inductions fixes et générales. Ce que la théorie prendrait pour des rapports analogiques, cacherait souvent à ses yeux des différences essentielles. Chaque objet a sa forme ses nuances, ses intérêts particuliers, qu'il faut étudier de près, saisir et concilier avec l'ensemble. D'où il est évident que sans la connaissance pratique des détails, de l'action des causes, de la réaction des effets, toutes les ressources combinées du génie, de la science des principes, et de l'art de raisonner, ne serviraient peut-être qu'à faire faire de plus grands pas vers l'erreur.

Ce que peut donc encore se permettre un Écrivain, qui cherchant la vérité de bonne foi, ne rougit point de s'arrêter dans le labyrinthe qu'il parcourt, dès que le fil de l'évidence lui échappe ; c'est d'ajouter à ce qui a été déjà dit de l'impôt sur les consommations.

1°. Qu'il est essentiel d'en simplifier la perception, pour pouvoir économiser proportionnellement à son degré de simplicité, sur les frais qu'elle nécessite.

2°. Qu'autant que peuvent le comporter la nature des denrées, le genre d'industrie qui les produit ou les façonne, la gradation à observer sur les différentes qualités d'une même espèce, et les lieux où s'en fait la consommation ; il importe que la perception de chaque droit soit réglée par des principes uniformes : car plus les différentes perceptions auront entre elles de rapports et d'analogie, plus vous pourrez en réunir ensemble ; moins par conséquent la totalité de vos frais d'exploitation sera dispendieuse, et moins vous aurez de préposés à soudoyer.

3°. Que partout où l'intérêt du droit se trouve en contradiction avec celui du commerce, en tant qu'il facilite et multiplie les échanges ; c'est toujours en faveur de ce dernier que doit pencher la balance : parce que de la multiplicité des échanges, dépend l'augmentation de la richesse commune ; et que tout sacrifice qui a cet objet pour but, se retrouve au centuple dans les améliorations qu'éprouvent les autres branches de l'impôt.

Il reste encore d'autres réflexions sur lesquelles je pourrais m'étendre, mais que l'ordre auquel je me suis astreint, et la crainte de fatiguer par des répétitions trop fréquentes dans des matières aussi sèches, m'obligent de renvoyer aux Chapitres suivants, où elles trouveront plus naturellement leur place ; et d'où il sera facile de les rapprocher de chaque objet, pour en faire l'application.

CHAPITRE CINQUIÈME.
Des frais de perception.

L'IMPÔT ne peut produire qu'autant qu'une législation sagement combinée détermine son objet et sa forme ; et que des Agents délégués par le Prince, veillent à sa perception de la manière indiquée par la loi.

Penser que chaque citoyen pût être assez juste pour s'imposer volontairement la somme que ses facultés comporteraient à toute rigueur, et assez zélé pour remettre lui-même son contingent au trésor du Prince, sans y être excité par d'autres motifs que celui de concourir au bien commun, autant qu'il est en lui ; ce serait se repaître d'une chimère sublime, qui dans la spéculation honore sans doute l'humanité ; mais qui dans la pratique est bien au-dessus de ses forces.

L'histoire fournit, il est vrai, quelques exemples de l'intérêt particulier, immolé sans réserve au bien public. Mais outre que la forme monarchique ne comporte pas cet amour excessif de la patrie, qui conduit par une détermination spontanée, tous les membres du corps social à l'entière abnégation de leurs propriétés et d'eux-mêmes ; il faut encore observer que ces exemples n'ont eu lieu que dans des conjonctures où le danger de la chose publique à laquelle était attaché le salut de chaque particulier, dirigeait nécessairement toutes les volontés et les affections vers l'unique point de l'intérêt général. Que dans aucun gouvernement, pas même dans ceux où la règle morale a le plus influé sur le régime politique, on n'a confié le sort de l'impôt à la bonne foi des contribuables ; et que si dans les âges du monde où cette règle a eu le plus d'empire, aucun législateur, quelque soin qu'ils prissent alors d'en faire dériver toutes leurs institutions, n'a osé cependant risquer sur ce point délicat, la vertu de ses concitoyens ; parce qu'il a sans doute connu l'ascendant naturel et la puissance des motifs qui sollicitaient sans cesse l'intérêt particulier à se rendre injuste envers le public : à plus forte raison toute idée de tribut proportionnel et spontané serait-elle absurde, dans des siècles où la prédominance absolue de l'amour de soi-même sur les principes moraux et sur l'amour du bien commun, n'est que trop évidente.

J'insiste donc sur ma première proposition, que l'impôt, la loi et les préposés ne composent qu'un tout, qui ne peut avoir de réalité, sans chacune de ses parties intégrantes ; comme aucune de ces parties ne peut avoir de réalité sans les autres ; et qu'autant la loi est nécessaire à l'impôt, autant l'agence coercitive des préposés est nécessaire à l'exécution de la loi.

La principale raison qui ait porté plusieurs politiques à se décider de préférence en faveur de l'impôt personnel, a été qu'il se percevoir à moins de frais que l'impôt sur les consommations.

Quand cette présomption serait une vérité, toujours est-il certain qu'elle ne suffisait pas pour asseoir un jugement complet. Il aurait fallu d'abord balancer les avantages et les inconvénients des deux natures d'impôts ; balancer également les avantages et les inconvénients de la manière de les percevoir ; et du résultat de ces deux premières balances en former une troisième, d'après laquelle on aurait donné la préférence à celui qui, avec plus d'avantages au total, aurait présenté des inconvénients moindres ; alors il est douteux que l'impôt sur les consommations n'eût pas obtenu l'universalité des suffrages. Mais sans nous écarter de notre objet, voyons s'il est vrai que la perception de l'impôt personnel soit réellement la moins dispendieuse.

Je commence par distinguer dans cette perception trois espèces de frais. La remise assignée aux préposés sur le montant de leurs recettes : l'intérêt que l'état leur paye pour raison de leurs avances ; et les frais de recouvrement, qui étant en pure perte pour l'état et pour le contribuable, doivent être évidemment cumulés à ceux de perception.

Ces trois espèces composent nécessairement une masse de frais considérable, quand on la compare au produit net de l'impôt, même dans les temps de tranquillité. Si nous passons ensuite aux temps orageux, où de nouveaux besoins forcent à l'augmenter ; j'observerai, 1°. que la remise des préposés, quoiqu'elle reste la même en quotité, croît néanmoins en produit proportionnellement à l'augmentation. 2°. Que l'impuissance des contribuables, devenue plus grande, à mesure que des circonstances plus fâcheuses concourent avec cette augmentation, multiplie de son côté les frais de recouvrement, comme elle oblige de porter à un taux plus fort l'intérêt des avances, que le mal être général rend aussi plus difficiles.

Ainsi nous pouvons conclure, 1°. qu'en tout temps les frais de perception de l'impôt personnel sont avec son produit net dans une proportion assez élevée. 2°. Qu'à mesure que l'impôt augmente dans les temps orageux, ces frais reçoivent un double accroissement ; l'un de l'extension de la remise des préposés, à toutes les parties additionnelles ; l'autre de la proportion plus forte qui s'établit entre le produit net et la masse de tous les frais, à raison du haussement de l'intérêt des avances et de la multiplicité des frais de recouvrement. Nous pouvons encore ajouter que les inconvénients de ce double accroissement sont d'autant plus inévitables, qu'ils tiennent, comme ceux dont nous avons parlé précédemment, à la nature même de l'impôt ; et que tout moyen tendant à les adoucir, ne servirait peut-être qu'à leur en substituer de plus grands.

Je ne dis rien des non valeurs qui doivent incontestablement se multiplier en raison composée de l'augmentation de l'impôt personnel et de l'épuisement des contribuables ; parce que je les considère ici comme l'équivalent des diminutions dont le produit de l'impôt sur les consommations est susceptible dans les mêmes circonstances ; et cette remarque semble prévenir toute objection fondée sur la balance des variations respectives, que peut éprouver

CHAPITRE CINQUIÈME.

le produit réel des deux impôts ; car pour peu qu'on réfléchisse à la différence de leurs natures, il est au moins probable que dans l'hypothèse contraire à la mienne, c'est-à-dire en prenant l'impôt personnel pour revenu principal, et l'impôt sur les consommations pour supplément ; la somme des non-valeurs excéderait de beaucoup, celle qui peut résulter des diminutions dans mon hypothèse.

Pour connaître maintenant par la manière de percevoir ce dernier impôt, quelle peut être la proportion des frais qu'elle comporte, avec son produit net ; rappelons deux principes déjà posés au Chapitre précédent : l'un, qu'à mesure que la loi qui impose sera claire, simple et précise, la perception deviendra moins compliquée, et le nombre des préposés nécessairement moindre : l'autre, que plus on établira de rapports et d'analogie dans la manière de percevoir plusieurs branches de l'impôt sur les consommations, plus on pourra réunir de perceptions dans les mêmes mains ; car toutes les fois que des fonctions relatives à différents objets sont analogues, et ne s'étendent point au-delà du possible ; les mêmes préposés qui servent à assurer et à recevoir un produit de cent mille écus, peuvent également en assurer et en recevoir un de deux cents mille.

Ajoutons à ces principes, qu'ici l'État ne doit à chaque préposé que des salaires proportionnels à l'ordre de ses fonctions et au rang qu'elles lui assignent dans la société, sans égard au plus ou au moins de produit qu'il est chargé de recueillir, comme je l'expliquerai plus au long dans la suite ; et tirons trois conséquences.

La première, qu'en simplifiant la perception des droits sur les consommations, autant qu'elle peut l'être, les dépenses nécessitées par cette perception se trouveront toujours dans une proportion tolérable avec le produit net.

La seconde, que dans le cas où les préposés établis ne pourraient suffire à un surcroît de fonctions analogues, il n'en résulterait que l'obligation d'établir de plus quelques nouveaux préposés subalternes, de qui les modiques émoluments, ajoutés à la dépense totale, n'y produiraient qu'une augmentation presqu'insensible.

La troisième, qu'au lieu que la proportion des frais avec le produit net, s'élève à des degrés plus hauts, à mesure que l'impôt personnel augmente ; cette proportion baisse au contraire dans l'impôt sur les consommations, d'autant de degrés qu'il y a d'analogie entre les droits nouveaux et les anciens : avantage précieux, si l'on considère que de sa nature il ne peut concourir qu'avec des circonstances critiques, où l'État épuisé a besoin de toutes ses ressources.

On objecte contre l'impôt sur les consommations, qu'il enlève une foule de citoyens à l'agriculture et au commerce ; et ce grief n'est pas un de ceux qu'on lui reproche avec moins d'amertume.

Ne pourrait-on pas répondre que la simplicité propre à ce genre d'impôt, une fois parvenue à ses derniers termes, la classe des préposés comparée à chacune des autres classes de citoyens, ne sera qu'un infiniment petit ? Qu'à l'égard de leur suppression totale, on supplie de considérer, que si l'État ne peut exister sans impôt, ni l'impôt avoir de réalité sans l'agence coercitive des préposés qui le perçoivent, ces derniers font évidemment aussi nécessaires que l'agriculteur et le commerçant ; puisqu'ils forment, ainsi qu'eux, un des anneaux de la chaîne qui affermit le corps social, en liant toutes ses parties les unes aux autres.

Est-il prouvé d'ailleurs que l'agriculture et le commerce, susceptibles de progrès illimités, puissent produire cet accroissement prodigieux de richesses qu'on nous fait espérer en tout genre ; et qu'il y ait un intérêt si pressant à diriger les vues de tous les citoyens vers ces deux objets ? Examinons de sang-froid quels termes l'ordre naturel des choses met à des promesses si brillantes, et commençons par l'agriculture.

D'habiles calculateurs[1] ont démontré que fans la guerre, la peste, les épidémies et les autres fléaux qui dévastent périodiquement la terre, le genre humain livré aux seules causes naturelles de destruction, la vieillesse, et les maladies, doublerait en moins de quatre cents ans.

Quelque degré de justesse qu'on veuille accorder ou contester à ces calculs, ils prouvent au moins que la nature toujours inclinée vers la reproduction et la multiplication des êtres, ne demande que des circonstances qui la secondent ; et que dans un petit nombre de générations, tout État peut atteindre le degré de population proportionnel à son étendue, quand le gouvernement y répandra sur tous les ordres de citoyens, l'aisance et le bien être

---

1 De la Nature, première Partie, Chap. XVII.

CHAPITRE CINQUIÈME.

qui l'encouragent.

L'accroissement graduel de la population, en perfectionnant l'agriculture, produira encore, peu à peu, le défrichement de toutes les terres incultes ; et je crois cet accroissement susceptible d'une progression d'autant plus forte, que toute surabondance de productions n'est propre de sa nature qu'à faire subsister un plus grand nombre de colons, sans qu'on puisse dire qu'elle servirait à étendre celui des échanges avec l'étranger.

Car au-delà du besoin la production est inutile ; et pour prouver qu'une abondance plus grande augmenterait la masse des espèces circulantes d'un État par la multiplication des échanges au-dehors, il faudrait montrer qu'aujourd'hui, faute de productions suffisantes dans les pays agricoles, il existe des contrées dont les habitants manquent de subsistance en tout ou en partie ; ce qui n'est assurément pas.

Des navigateurs partis de différentes régions, arrivent tout à coup sur une plage lointaine avec des chargements pareils. Leur rencontre inopinée les menace d'une perte immense, tant à raison du vil prix auquel l'abondance excessive va réduire leurs denrées, que des délais qu'éprouvera la vente. Que faire alors ? L'intérêt les réunit. On convient que chacun jettera partie de sa cargaison à la mer, pour s'assurer le débit du surplus à un taux, qui rende, s'il se peut, la mise et les frais du transport.

C'est donc à peu près là qu'on en serait réduit, si, abstraction faite des quantités que la prévoyance doit tenir en réserve pour les temps de disette, les productions superflues des peuples cultivateurs, venaient à excéder constamment les besoins du reste de l'univers.

Vous direz peut être que vous déboucheriez votre excédent de productions, en allant l'offrir à des nations qui n'en ont point encore connu l'usage : mais pensez-vous que formées par la nature, l'habitude et le climat, à un genre de subsistance que la terre leurs fournit presque toujours sans frais et sans culture, elles ne rejetteraient pas vos offres ; comme vous ririez vous même de la proposition qu'elles vous feraient de substituer à votre pain leur ris ou leur manioque ? Quel avantage trouveriez-vous d'ailleurs à transporter vos denrées chez une partie de ces nations ? Elles n'ont point d'or à mettre à côté ; et ce qui pourvois aux besoins peu nombreux que leur fait éprouver la simple nature, est sans valeur pour vous.

Si vous dites qu'une exportation plus abondante de votre superflu, chez les peuples que vous approvisionnez habituellement, vous procurera de nouveaux consommateurs, en y encourageant la population : je vous demanderai d'abord pourquoi vous ne préféreriez pas d'avoir ces consommateurs chez vous ; et je vous réfuterai ensuite par vos propres principes. Car nous établissons, vous et moi, que la fertilité du sol est l'unique base de la population, comme l'abondance de ses productions en est la mesure ; d'où il résulte évidemment que la possibilité d'une plus grande importation de denrées est indifférente à tout peuple qui subsiste des productions d'autrui ; puisque ce n'est pas cette possibilité qui règle sa population, mais seulement l'étendue des moyens avec lesquels il peut se procurer des subsistances par la voie de l'échange.

J'excepte les nations courtières, chez qui l'agence du commerce peut être, à certains égards à la population, ce que l'abondance des productions y est dans les pays agricoles. Mais outre que leur état est purement précaire, parce que l'agence cesse dès que les nations propriétaires veulent faire par elles-mêmes leurs échanges et leurs transports ; on doit encore insérer de la nature du courtage, qu'il ne peut élever les richesses et la population à des degrés sensibles, qu'autant que dans un certain nombre de nations riches en productions différentes, il n'est exercé que par une seule.

La somme des productions superflues que vous pouvez échanger annuellement au-dehors, une fois déterminée en raison composée de la masse des besoins qu'éprouvent les nations dépourvues, et de la portion que chaque peuple agriculteur fournit comme vous à cette masse ; la seule ressource capable d'étendre vos échanges au-delà des bornes que cette double proportion leur assigne, naît des avantages que vous pouvez vous procurer dans la concurrence, soit par la multitude et l'aisance de vos débouchés ; soit par votre proximité des nations dépourvues, soit par le bas prix auquel vous leur vendez, ou par les facilités qu'elles trouvent pour l'échange de leurs propres denrées avec vous. Mais ces moyens également connus de vos rivaux, fixent aussi perpétuellement leur attention. S'il en est quelqu'un que la nature ou la position leur refuse, ils

CHAPITRE CINQUIÈME.

cherchent à en compenser la privation en portant à des degrés plus hauts ceux qui ne tiennent qu'à l'industrie ; et de cette émulation continuelle, plus ou moins favorisée par les circonstances, doivent évidemment résulter pour tous les peuples agriculteurs des alternatives d'avantage et de désavantage, qui, calculées au bout d'un certain temps, donneraient peut être à chacun d'eux pour terme moyen, la même quotité de superflu qu'ils échangent aujourd'hui.

Tout ce que j'ai dit de l'agriculture s'applique au commerce, en tant qu'il sert à l'échange du superflu des productions ; et c'est, je crois, le seul côté par lequel nous devions l'envisager ici. Les mêmes causes qui assignent à ce superflu des termes à peu près fixes, bornent en raison proportionnelle les fonctions de l'agence nécessaire à l'échange et le nombre des Agents : ainsi nulle objection relative à ce côté du commerce, qui ne puisse se résoudre par les principes posés sur l'agriculture.

Si c'est du commerce en général que vous avez voulu parler ? je vous demanderai quel est dans les choses de commodité et d'agrément, le besoin ou le désir que le commerce ne satisfasse aujourd'hui par l'agence d'un peuple ou d'un autre ? En convenant qu'il n'en est point, vous voilà donc encore réduit sur ces deux classes de denrées, aux seuls avantages qui peuvent vous favoriser dans la concurrence ; ressource bornée, comme je l'ai prouvé tout à l'heure à l'égard des denrées de subsistance ; et d'autant plus incertaine ici, qu'en matière de commodités ou d'agréments, le caprice d'un côté et l'industrie de l'autre, font presque tout à eux seuls.

Pour pouvoir étendre votre commerce et multiplier ses Agents en proportion, inventerez-vous de nouveaux désirs ? Mais si ce ne sont pas vos propres denrées et votre industrie nationale qui y pourvoient, l'invention dont vous vous applaudiriez, tournerait contre vous-même ; puisque cette nouvelle branche de commerce ne serait propre qu'à diminuer peu à peu la masse de votre numéraire, par la même raison que le commerce d'Asie diminue le numéraire de l'Europe.

Si c'est un débouché de plus que ces découvertes ouvrent à vos denrées et à votre industrie ? l'inconvénient que je prévoyais ne subsistera pas ; mais qu'y gagnerez-vous au total ? l'homme connaît aujourd'hui tant d'objets de jouissance, et leur multitude excède tellement la sphère, des diverses facultés qu'il a de jouir, que tout désir nouveau lui tiendrait nécessairement lieu d'un autre, et n'ajouterait rien à la masse actuelle des consommations.

Concluons donc, 1°. qu'autant la population encouragée par l'aisance, est propre à étendre et perfectionner la culture, autant la possibilité d'une culture plus étendue n'est propre qu'à favoriser une population plus grande ; sans qu'on puisse inférer de cette possibilité, qu'elle tournerait à l'augmentation de la somme des richesses circulantes, par une plus grande quantité d'échanges au-dehors.

2°. Que le commerce limité dans ses opérations, comme dans le nombre de ses agents, par les mêmes lois qui déterminent la quotité du superflu en productions pour chaque nation agricole, ne peut de son côté concourir à l'augmentation de cette somme ; quels que soient les progrès de la population et de la culture.

3°. Qu'en supposant qu'aujourd'hui l'universalité des citoyens renonçant à toute autre occupation, s'employât uniquement à étendre et perfectionner la culture, il ne résulterait de là qu'un excédent de superflu, sans valeur, comme sans utilité : qu'ainsi le nombre des cultivateurs actuels suffit à l'État, soit relativement à sa population présente, soit relativement à la quotité de superflu qu'il peut échanger pour les besoins des nations dépourvues.

4°. Enfin que si d'un côté vous avez autant de cultivateurs qu'il en faut, et que de l'autre ce ne soit pas la culture plus étendue qui puisse opérer la plus grande population ; mais que ce soit au contraire la plus grande population qui doive opérer la culture plus étendue, il est évidemment absurde de vouloir arracher les Agents de la perception, à des fonctions démontrées nécessaires, pour en tirer ailleurs un surcroît de travail démontré inutile.

CHAPITRE SIXIÈME.
De la législation en matière d'impôts.

Les principes sur lesquels est fondée la loi bursale, doivent dériver de la constitution même de l'état où elle a son exécution. Ces principes aussi simples qu'évidents, doivent s'identifier autant qu'il est possible avec ceux des lois qui règlent et assurent l'ordre public, sans quoi leurs contradictions respectives, aux points de tangence qu'elles ont ensemble, dérangeraient l'harmonie qui doit régner entre toutes.

La loi détermine la quotité de l'impôt, l'objet qui y est assujetti, la manière de le percevoir, l'époque à laquelle il est perceptible, et la peine à décerner contre celui qui s'y soustrait : il faut conséquemment qu'autour des principes qui servent de base à la loi, ses dispositions forment une chaîne, si j'ose parler ainsi, dont tous les anneaux tiennent les uns aux autres comme il est nécessaire que chaque ; disposition tienne aux principes, par les rapports les plus intimes.

Ces dispositions doivent être claires, concises, assez générales pour que des exceptions tirées des circonstances oui des coutumes locales, ne puissent rendre leurs sens incertain, et assez détaillées cependant, pour pouvoir s'appliquer naturellement et sans contrainte à tous les cas qu'elles ont prévus. Elles doivent concilier les différents intérêts qui ont des liaisons directes ou indirectes avec celui de l'impôt, et fixer les obligations du redevable d'une manière si nette et si précise, qu'entre le délit et l'innocence, le doute ne puisse trouver à se placer.

Il faut que les peines imposées par la loi, soient proportionnées à chaque nature de délit, en raison composée de la perte qu'il cause à l'état sur le produit de l'impôt, de l'inégalité qu'il opère dans la répartition, de l'atteinte qu'il porte à l'équilibre du commerce, du degré auquel il enfreint la règle morale, et du genre de crime que la fraude peut impliquer avec elle.

S'il existait des manœuvres que le fraudeur ne pût consommer qu'à l'aide du faux, il y aurait l'intérêt le plus pressant à contenir ces manœuvres par la peine la plus forte, et à combiner tellement les dispositions de la loi, que quelque forme que prit le délit, il ne pût échapper à la peine : car quiconque s'est une fois permis le faux et se l'est permis avec succès, ne connaît bientôt plus aucun frein : l'avantage réel qu'il en tire, conduit insensiblement les autres à l'imiter ; et le nombre des coupables se multiplie à mesure que de nouveaux crimes offrent l'exemple d'une nouvelle impunité.

Si l'imposition est assise sur des denrées manufacturées, l'art de lier la police du commerce, à la perception du droit par des rapports insensibles, exige particulièrement l'attention du législateur. Par-là les gênes se réduisent au moins possible ; et celles que la perception nécessite, n'ajoutent presque rien à celles que le seul maintien de la police entraînait auparavant.

Les obligations du manufacturier doivent être réglées de manière qu'elles laissent à ses opérations une entière liberté. C'est le temps, le besoin, l'occasion qui l'invitent presque toujours à travailler : s'il est détourné de son travail ou forcé de le suspendre au moment qu'il exige le plus d'activité ; en lui occasionnant un surcroit de dépense, une perte de temps quelquefois irréparable, on l'empêche encore de porter sa main d'œuvre au point de perfection qu'il se proposait d'atteindre. Alors l'industrie se décourage et s'anéantit peu à peu par l'effet naturel de son découragement.

Je ne dis rien de la marche simple et peu compliquée qu'il convient de prescrire à la procédure ; on sent qu'elle résulte immédiatement et nécessairement de la simplicité même de la loi.

Mais quelque perfection qu'on suppose à la loi dans son origine, à mesure qu'elle s'en éloigne, cette perfection diminue.

Tandis que renfermée constamment dans ses bornes primitives, la loi ne peut opposer qu'une force toujours égale aux efforts qui tendent perpétuellement à l'enfreindre, l'intérêt particulier aussi industrieux qu'agissant, multiplie ces efforts avec tant d'adresse, et les dirige avec tant d'opiniâtreté sur les mêmes points, qu'après avoir commencé par y rendre la loi douteuse, il arrive peu à peu à l'y éluder. Encouragé par ces premiers succès, il travaille à sapper chaque disposition l'une après l'autre ; et bientôt une multitude d'infractions imprévues, produit de toutes parts l'embarras et l'anarchie.

Au milieu de ces incertitudes, les Magistrats, qui d'abord n'avaient eu besoin que du texte précis de la loi, pour asseoir leurs jugements, sont forcés de recourir à son esprit, pour les cas non-prévus ; et du plus ou du moins de justesse avec lequel chaque Tribunal le saisit, dépend la différence des applications qu'il en fait.

De son côté, la puissance législative travaille sans relâche à fixer les doutes à mesure qu'ils se succèdent ; mais ses règlements interprétatifs se concilient d'autant moins avec ceux de la puissance

CHAPITRE SIXIÈME.

judiciaire, qu'où le législateur s'occupe essentiellement de l'intérêt de l'impôt, le Magistrat fait prédominer celui du redevable ; et de ces contradictions perpétuelles, de ces décisions multipliées de part et d'autre, résulte au bout d'un certain temps un code immense, dont l'étude rebutante n'offre que des principes versatiles alternativement admis ou rejetés suivant les conjonctures ; et une foule innombrable de dispositions bien ou mal adaptées à ces principes, qui se choquent sans cesse et se détruisent mutuellement.

Pour prévenir tous les désordres qu'une telle confusion engendrerait, il n'est qu'un seul remède.

Au point où vos règlements déjà trop nombreux commencent à se contredire ; où le Magistrat, plongé dans le doute, cherche d'un œil incertain de quel côté doit pencher sa balance ; où le commentateur assez présomptueux pour croire qu'il éclaircira la matière, se perd lui-même dans un travail diffus qui ne sert qu'à l'envelopper de nuages plus épais ; à ce point, dis-je, où la rapidité avec laquelle les difficultés se varient et se succèdent, vous fait perdre à chaque instant le fil des vrais principes : refondez les interprétations avec la loi, et composez du tout une loi nouvelle qui ait la même simplicité, la même perfection que la première.

Statuez-y sur tous les cas qu'elle n'avait pu prévoir, et qu'un raffinement d'astuce a enfanté depuis : pourvoyez d'avance à ceux que l'expérience du passé peut déjà vous faire apercevoir dans l'avenir ; et quand après certaines révolutions de tems, le progrès inévitable de l'esprit humain vers la dépravation, vous menacera d'un nouveau désordre, vous le préviendrez encore par une nouvelle refonte.

À juger des choses, par les résultats combinés de l'observation et de la pratique, il s'ensuivrait que dans le cours d'un siècle, le Code des Finances pourrait avoir besoin d'être refondu et simplifié plus d'une fois : en observant néanmoins qu'après quelques refontes, il est probable qu'on parviendrait à les rendre plus rares. 1°. Parce que le législateur, moins détourné des vrais principes par de longs intervalles de contradiction et d'anarchie, donnerait à ses institutions nouvelles une perfection plus grande dès leur origine. 2°. Parce que l'intérêt particulier, moins heureux dans ses efforts, se porterait ensuite avec moins d'obstination et de chaleur à éluder la loi.

Les avantages qui résulteraient de cette simplicité permanente sont si évidents, que sans m'astreindre à les détailler, il suffira, je pense, d'en montrer successivement les rapports avec les objets qui me restent à traiter.

Au reste, ce que je viens de dire pour la législation en matière d'impôt, ne pourrait-il pas s'appliquer également aux lois de toute espèce ? Si, abstraction faite des modifications relatives à la nature de chaque partie de l'ordre public, leurs principes sont les mêmes au fond, si elles tendent unanimement au même but, si la complication qui les affaiblit à mesure qu'elles vieillissent dérive partout des mêmes sources ; le remède propre à rendre et à conserver la vigueur aux unes, semble convenir également aux autres.

CHAPITRE SEPTIÈME.
De la fraude.

L'infraction à la loi bursale n'est considérée ni du côté de l'intérêt public qu'elle lèse directement, ni du côté des citoyens, sur qui elle a un reflux indirect : on n'y voit que l'intérêt du fermier de l'impôt, et celui de ses préposés.

Tout assujettissement que la loi prescrit, leur est imputé personnellement sous le titre odieux de vexation. La haine universelle se nourrit sans cesse de l'idée des bénéfices immenses que l'exagération leur suppose : loin de blâmer le genre d'astuce qui s'exerce à leur en dérober une partie, on incline au contraire à y applaudir : et du point isolé qu'on se borne à considérer avec des yeux fascinés par la prévention, dérive une manière de penser générale, qui, sur l'article de la fraude, rend presque toutes les consciences muettes, et la plupart des censeurs indulgents.

En examinant, néanmoins, sans préjugés et sans passion, l'objet sous toutes ses faces, on reconnaîtrait que la fraude étant en elle-même un vol fait à l'état, doit être incontestablement rangée dans la classe des délits qui troublent l'ordre public.

Qu'à mesure que ses progrès occasionnent de plus fortes

diminutions sur le produit, on est forcé de suppléer au *déficit* par des impositions nouvelles. Que ces impositions deviennent une surcharge pour celui qui remplit fidèlement ses obligations, et le font souffrir injustement de l'infidélité d'autrui.

Que la fraude rompt l'équilibre du commerce, par l'impossibilité que l'ouvrier qui paye l'impôt, puisse entrer en concurrence avec celui qui s'y soustrait ; et qu'en éteignant toute émulation, cette inégalité précipite nécessairement l'industrie vers sa ruine.

Qu'enfin la loi ne pouvant être violée sans que la règle morale soit enfreinte, chaque fraude commise est un acheminement plus rapide à de nouveaux degrés de dépravation.

C'est en raison composée de ces inconvénient divers, comme nous l'avons dit au Chapitre précédent, que la loi proportionne la peine à chaque nature d'infraction : il est donc essentiel, 1°. qu'aucune fraude ne puisse échapper à la peine. 2°. Qu'aucune considération ne porte à affaiblir la peine, quand une fois le délit est certain.

De ces deux conséquences, l'une est l'effet du concours perpétuel des causes secondes avec la cause première ; c'est-à-dire de la vigilance des préposés, et du zèle des Magistrats, avec la meilleure loi possible.

L'autre résulte de l'entière liberté avec laquelle la loi doit agir après les délits constatés, sans qu'on puisse la réduire au silence par des accommodements qui préviendraient ses décisions.

Car toute transaction amiable entre les préposés et le délinquant, ne pourrait avoir lieu que de trois manières : ou à des conditions moins rigoureuses que la peine qu'aurait prononcée la loi ; ou à des conditions équivalentes, ou à des conditions plus rigoureuses.

Dans le premier cas, la proportion fixée entre la peine et le délit se trouverait rompue ; l'indulgence ne servirait qu'à multiplier les coupables ; et on reprocherait aux préposés, avec une sorte de vraisemblance, que leur conduite aurait pour motif secret d'encourager la fraude, afin d'augmenter par-là les bénéfices particuliers que sa découverte leur procure.

Dans le second cas, le fraudeur ne se déterminerait à offrir d'avance l'équivalent des peines encourues, que pour éviter l'éclat du jugement. Or, si dans sa façon de voir, la publicité du délit et la honte d'une condamnation, ajoutent encore à la peine, pourquoi les lui épargner ? c'était une barrière de plus que vous opposiez à la fraude.

Dans le troisième cas, les préposés se rendraient coupables eux-mêmes ; car au-delà de ce que la loi prononce, rien ne peut être exigé ou accepté sans concussion. D'ailleurs, si c'était la crainte d'une flétrissure qui portât le délinquant à excéder dans la transaction l'objet des peines pécuniaires que la loi aurait décernées, ce que je viens de dire pour le second cas, s'appliquerait encore plus fortement à celui-ci.

Pour peu qu'on veuille considérer politiquement les choses dans leurs rapports avec l'ordre public, ces réflexions conduisent donc à penser que les accommodements en matière de fraude sont un mal ; qu'ils énervent la loi en lui donnant des entraves ; et deviennent un véhicule indirect à de nouvelles infractions.

Si d'un autre côté l'usage avait multiplié ces accommodements à un certain point, il en résulterait encore un inconvénient. C'est que dans toute affaire portée en justice, les Juges présumeraient de ce que l'accusé n'aurait pas pris le parti de transiger, qu'il serait innocent ou de bonne foi : et cette présomption qui aurait la probabilité pour elle, les porterait alors à se prévaloir des nuages que la complication, des règlements postérieurs aurait répandus sur la loi primitive, pour statuer autant qu'il serait possible à la décharge du prévenu.

J'avoue que dans des conjonctures où les lois, trop compliquées, rendraient la plupart des délits douteux, les accommodements produiraient un bien ; en ce que la peine, quelque légère qu'on la suppose, est toujours préférable à l'impunité : mais cette réflexion qui ne pourrait convenir qu'à des temps de confusion et d'anarchie, répugne évidemment à l'hypothèse d'une législation simple et précise, où tous les cas sont prévus, et les dispositions si claires qu'aucune espèce de subterfuge ne puisse en éluder l'application.

CHAPITRE HUITIÈME.
Lequel est plus avantageux de faire régir les impôts sur les consommations, ou de les affermer.

Si d'un côté la régie paraît avoir sur la ferme des avantages réels, parce qu'il faut moins de Régisseurs que de Fermiers ; que les honoraires qu'on assigne aux premiers sont inférieurs aux bénéfices des seconds, et que les succès de la régie tournent en totalité au profit de l'état ; d'un autre côté ces avantages se trouvent balancés par des inconvénients bien sensibles.

Le Fermier peut augmenter ses bénéfices, par la vigilance et l'activité qu'il met dans son administration ; le Régisseur borné à des émoluments fixes, ne participe point aux améliorations qu'il fait éprouver à la sienne. Ainsi l'intérêt personnel doit être le mobile du fermier, tandis que l'amour du bien peut seul animer le régisseur.

Stipulez avec des fermiers, de manière qu'en faisant revertir à l'état tout ce qui excéderait en bénéfice la juste proportion du salaire au travail, vous leur abandonniez néanmoins des portions graduelles dans cet excédent, à quelque somme qu'il puisse monter ; et fiez-vous toujours à l'intérêt particulier, du soin de procurer à la chose affermée tous les progrès dont elle sera susceptible : pour une seule occasion peut-être de reprendre sa négligence, vous en aurez mille encore d'arrêter son activité.

Dans la régie, au contraire, l'intérêt personnel du régisseur ne s'identifie pas avec l'intérêt de la chose : quelques soient les vicissitudes qui surviennent, son sort n'en dépend point ; dès-lors une foule de considérations particulières peuvent l'écarter du but que le gouvernement se proposait, en le préférant à des fermiers.

L'espérance d'obtenir un jour les droits régis en ferme, pourra faire négliger les vrais moyens de les mettre en valeur ; car moins la régie aurait rendu, plus un prix de bail aligné sur ses produits promettrait de bénéfices à la ferme.

L'influence du ministre étant plus immédiate, plus directe, plus étendue sur la régie que sur la ferme, et les moindres détails de l'administration intérieure devant être réglés par ses décisions, il se pourrait qu'on travaillât d'abord à tout compliquer, dans la seule vue de se rendre plus nécessaire auprès de lui : que chaque Régisseur ambitionnât sa confiance exclusive, parce qu'une fois obtenue, elle conduirait à des places plus lucratives, ou du moins à pouvoir exercer impunément dans la chose même ce despotisme absolu, qui console l'orgueil des entraves qu'on met à la cupidité ; et qu'enfin cette confiance devenant l'objet des désirs de tous, chacun prît séparément pour y arriver les routes obscures et tortueuses que l'intérêt et la haine tracent à des rivaux jaloux, occupés sans cesse à se détruire mutuellement.

Delà résulterait évidemment le défaut d'activité, de concorde et d'harmonie dans l'intérieur de l'administration. Les moyens de la perfectionner seraient subordonnés en tout au soin de faire réussir ses vues personnelles, d'acquérir de nouveaux protecteurs, d'avancer ses créatures, de multiplier inutilement les dépenses, pour avoir occasion de s'en attacher un plus grand nombre. Nul ensemble dans les parties, nulle conformité dans les principes, nulle régie fixe : ainsi le désordre et l'anarchie faisant chaque jour de nouveaux progrès, le produit des droits régis s'anéantirait insensiblement par une suite nécessaire des vices de l'administration même ; et au lieu de chercher les remèdes propres à guérir le mal, on ne s'étudierait qu'à imaginer des prétextes spécieux qui pussent en déguiser la véritable cause aux yeux du ministère.

Après avoir discuté les inconvénients qui tiennent à la nature de la régie, si on la considère du côté du gouvernement, on verra que pour en espérer des avantages, il faudrait au moment de la commencer, des finances en bon état ; la meilleure loi possible, l'accord le plus parfait entre la puissance législative, et la puissance judiciaire ; et surtout un nombre suffisant d'hommes éclairés et intègres, sur qui le seul amour du bien pourrait ce qu'en général l'intérêt peut sur les autres.

D'ailleurs, la régie la mieux entendue ne peut être un système d'administration permanent. Si la guerre survient, l'équité veut qu'avant de surcharger les peuples, le Souverain use de ses propres ressources, dont la première est l'avance qu'il peut se procurer en affermant ses revenus. Il arriverait donc presque toujours que la régie cesserait avec la paix ; excepté le cas d'une guerre heureuse partout, où indépendamment d'un fond amassé de longue main par l'économie, qui fournirait aux frais des préparatifs, le produit des conquêtes suffirait seul ensuite à toutes les dépenses extraordinaires ; d'une guerre enfin telle que l'histoire n'en offre pas d'exemple entre nations policées, depuis les beaux jours de la république Romaine.

CHAPITRE HUITIÈME.

Ces différentes observations conduisent à penser, qu'à tous égards la ferme est préférable à la régie. L'intérêt personnel du fermier, en s'identifiant avec l'intérêt de la chose affermée, prévient tous les vices de l'administration du régisseur ; et celle du fermier deviendra la meilleure possible, sitôt qu'on aura pris les précautions nécessaires pour que ses bénéfices n'excédent jamais une juste proportion.

Il est encore une espèce particulière de régie que les circonstances ont forcé quelquefois d'admettre, et dont je ne puis me dispenser de dire un mot avant de terminer ce Chapitre.

Des besoins urgents ont nécessité dans plusieurs cas, l'établissement de droits nouveaux qu'il a fallu faire régir ; parce que faute de connaissances d'après lesquelles on pût en évaluer les produits et fixer un prix de bail, il était impossible de les mettre en ferme dès l'instant de leur création, sans que l'état ou les fermiers courussent le risque d'être lésés.

Comme il est de la nature de la régie que les fonds ne soient versés au trésor du Prince, qu'à mesure qu'ils rentrent aux régisseurs, et que le genre des besoins auxquels on cherchait à pourvoir exigeait de promptes avances ; il a encore fallu que pour remplir ce dernier objet, le gouvernement s'écartât des routes ordinaires, et qu'à raison de la difficulté des circonstances, il tentât la cupidité par des offres plus séduisantes. On a donc accordé aux régisseurs des émoluments tels, que l'appas du gain pût suppléer au discrédit et au défaut de confiance ; et de ces émoluments, les uns ont été assignés en honoraires fixes, les autres en remises sur les améliorations que les produits éprouveraient au-delà de certains degrés de fixations.

Or, on sent que cette espèce de régie, participant à la fois de la nature de la ferme et de celle de la régie proprement dite, elle doit participer des avantages de l'une et des inconvénients de l'autre, dans la proportion qui se trouve entre les émoluments fixes, et les bénéfices qui peuvent résulter du travail : qu'ainsi les émoluments fixes, y compris l'intérêt du fonds d'avance, faisant toujours la plus forte portion du traitement du régisseur, on ne peut en général se promettre beaucoup d'avantages de cette forme particulière d'administration.

Au reste on aura toujours une régie sûre pour apprécier ses effets, qui sera de comparer ensemble au bout d'un certain temps les produits opérés chaque année, et d'examiner si leur gradation de l'une à l'autre est proportionnelle aux degrés de perfection que le temps et l'expérience ont dû donner successivement au travail : car s'il arrivait qu'après cinq ou six années révolues, les produits ne fissent que se soutenir au taux de la première, sans qu'il y eût de progression sensible entre l'époque où l'affaire aurait pris naissance, et celle où elle devrait avoir acquis toute sa consistance et sa solidité ; on aurait raison d'en conclure que le vice procède de sa constitution même, et de ne pas différer à la refondre, dès que les circonstances permettraient d'adopter un autre plan.

Cette dernière forme de régie entraîne encore un inconvénient qui mérite d'être remarqué. C'est que pour se procurer l'avance dont l'état avait besoin, il a fallu qu'en excitant la cupidité par la forte quotité de l'intérêt, par l'objet des honoraires et celui des remises ; on inspirât aussi la confiance en autorisant les régisseurs à se rembourser eux-mêmes sur le produit de la chose, du montant du capital avancé.

Et comme il était impossible d'en effectuer le remboursement à un seul terme, soit parce que le produit sur lequel il était assigné n'y aurait pas suffi, soit parce qu'un prélèvement si considérable fait tout à coup sur le revenu de l'état, y aurait occasionné un vide trop sensible ; il a encore fallu qu'on divisât la totalité de ce remboursement, en un certain nombre d'années du bail.

Or, la portion d'émoluments affectée spécialement au fond d'avance sous la dénomination particulière d'intérêt, ayant seule diminuée à mesure des remboursements successifs, tandis que les deux autres portions, savoir les honoraires fixes et la remise, sont restées constamment les mêmes ; on trouve, en réunissant les trois portions d'émoluments sous l'unique qualité d'intérêt, et en calculant chaque année la gradation de cet intérêt total sur la progression des remboursements, qu'il a monté dans les dernières du bail, à 50, 60 pour cent, et même au-delà : ce qui est évidemment pour la chose un vice énorme, et pour l'état, le genre d'engagement le plus ruineux

dont il puisse être chargé.

CHAPITRE HUITIÈME.

CHAPITRE NEUVIÈME.
S'il est plus avantageux de n'avoir qu'une seule compagnie de Fermiers, que d'en avoir plusieurs.

Pour résoudre clairement cette question, il faut l'envisager sous trois points de vue séparés : du côté des opérations du ministère, de l'utilité de la chose en elle-même, et de l'utilité publique.

Opérations du ministère.

Si dans une monarchie bien gouvernée, la politique veut qu'on divise autant qu'il est possible un même degré d'autorité, de force, ou de puissance entre plusieurs corps émules, afin de les balancer l'un par l'autre, et de les mouvoir toujours avec facilité dans le sens le plus analogue au bien général ; cette maxime est incontestablement applicable aux compagnies de finance, à qui se trouve confiée la branche la plus féconde des revenus du Souverain.

Une compagnie unique et pour ainsi dire exclusive, qui n'aurait ni rivalité ni concurrence à craindre, pourrait insensiblement se rendre maîtresse du crédit de l'état, de ses ressources pécuniaires, et forcer la main au gouvernement sur toutes les opérations qui la concerneraient : au lieu que plusieurs compagnies qui se servent mutuellement de contrepoids, subissent avec d'autant plus de docilité les lois qu'on leur impose, qu'en cas d'acquiescement de la part des unes, et de résistance de la part des autres, celles-ci courreraient risque d'être supplantées par celles-là.

Utilité de la chose.

Si l'on se représente ensuite ce que serait une compagnie qui réunirait la perception de tous les droits imposés dans une vaste monarchie, on voit un colosse énorme prêt à chaque instant d'être accablé par son propre poids, faute de corps inférieurs qui l'alimentent, et de forces intérieures qui le soutiennent. Plus le temps aurait augmenté son épuisement, plus il y aurait d'intérêt à s'occuper d'arrangements propres à prévenir sa chute, parce qu'elle produirait infailliblement des secousses qui rompraient une partie des ressorts de l'administration.

On verra encore que les différentes branches de revenus dépériraient nécessairement dans les mains d'une telle compagnie, plutôt que de s'améliorer ; parce que l'avantage d'y être admis devenant l'unique but vers lequel l'avidité de tous se dirigerait perpétuellement ; la protection et l'intrigue y placeraient successivement un grand nombre d'hommes ineptes, qui réduirait peu à peu celui des travailleurs à bien moins que le nécessaire.

Delà le défaut de vigueur et d'activité dans la tête, pour imprimer le mouvement à tous les membres ; delà le défaut d'émulation et le relâchement dans les subalternes qui perdraient tout espoir d'atteindre le but auquel leurs talents et leurs travaux auraient dû les conduire ; de là l'engourdissement et l'anarchie dans les différentes parties de l'administration, et enfin tous les vices capables d'opérer la décadence entière des produits.

Utilité publique.

Plus les bénéfices des financiers sont divisés, moins les portions qui en reviennent à chaque intéressé sont considérables ; dès-lors chacun d'eux doit chercher à placer successivement ces portions le plus promptement et le plus avantageusement possible, jusqu'à ce que les capitaux et les intérêts accumulés les uns sur les autres, composent une somme avec laquelle il puisse acquérir des propriétés dont le revenu moins sujet à vicissitudes, le fasse jouit en repos du fruit de son travail et de ses économies.

À sa retraite des affaires, l'homme qui le remplace suit constamment le même plan ; et il résulte de la multiplicité des fermiers, que leurs fonds versés continuellement dans tous les canaux de la circulation, y augmentent l'abondance ou la font naître, entretiennent le crédit public, et fournissent journellement au commerce une partie considérable de son aliment et de ses ressources.

Quand au contraire les bénéfices deviennent trop considérables à raison du petit nombre d'intéressés qui les partagent, ou des placements en fonds les absorbent aussitôt, ou le luxe et la vanité en disposent pour se satisfaire, ou l'inconduite les a déjà dissipés d'avance ; et ce n'est qu'après une infinité de détours que la circulation peut en faire refluer quelques parties vers l'utilité publique.

D'ailleurs, il ne suffit point à l'état que des fermiers exploitent ses revenus, et satisfassent aux conditions de leurs baux ; il faut aussi

CHAPITRE NEUVIÈME.

qu'avec les bénéfices que cette exploitation leur procure, ils puissent dans les temps malheureux l'aider par de nouvelles avances. Or, on trouve des secours plus abondants et plus sûrs auprès de plusieurs compagnies, qu'auprès d'une seule.

1°. Un poids quelconque fatigue plus un grand corps que le même poids divisé n'en fatigue plusieurs petits ; parce que dans la plupart des hypothèses, et surtout dans celle-ci, les forces combinées de plusieurs petits corps sont supérieures à celles d'un grand.

2°. Des bénéfices tels qu'en comporte l'exploitation des revenus d'un grand état, répartis entre un petit nombre d'intéressés les rendent opulents ; plus divisés, ils n'auraient fait que des gens aisés ; or, en général l'esprit d'ordre règne davantage parmi ces derniers que parmi les autres, et l'opinion qu'on a de leur bonne conduite leur assure plus de crédit et de ressources personnelles.

C'est que dans son ivresse, l'opulence veut atteindre à tout, et que des désirs immodérés toujours satisfaits, épuisent enfin ce qui paraissait d'abord inépuisable.

L'aisance, au contraire, par les bornes qu'elle est forcée de se prescrire à elle-même sur certaines jouissances, sent mieux combien il est doux de pouvoir se procurer les autres ; et le désir de conserver ou d'augmenter ce pouvoir, produit en elle des vues d'arrangement qui la préservent des revers que la prodigalité fait si fréquemment essuyer à l'opulence.

De ces réflexions qui se lient toutes les unes aux autres, on doit conclure qu'il est plus utile au Souverain, d'affermer ses impôts à plusieurs compagnies qu'à une seule : et qu'autant il importe de réunir dans la même main tous les objets que l'analogie rend susceptibles d'une même forme d'administration, autant il est avantageux de confier à des mains différentes, les parties qui n'ont entre elles ni rapports ni affinité.

CHAPITRE DIXIÈME.
Des Financiers.

Montesquieu, dans son Esprit des Lois, livre 3, chap. 6. pose l'honneur pour principe de la monarchie.

Il dit au Chapitre VII : *la nature de l'honneur est de demander des préférences et des distinctions ; il est donc, pour la chose même, placé dans ce gouvernement…l'honneur fait mouvoir toutes les parties du corps politique ; il les lie par son action même, et il se trouve que chacun va au bien commun, croyant aller à ses intérêts particuliers.*

Au Chapitre VIII : *l'honneur règne dans la monarchie ; il y donne la vie à tout le corps politique, aux lois et aux vertus même.*

Ensuite il commence ainsi le Chapitre XX. du livre XIII. *Tout est perdu lorsque la profession lucrative des traitants parvient encore par sa richesse à être une profession honorée… Cela peut être-bon dans les états despotiques… Cela n'est pas bon dans la république… Cela n'est pas meilleur dans la monarchie, rien n'est plus contraire à l'esprit de ce gouvernement, etc.*

Ou par-là, Montesquieu a simplement entendu, comme ses expressions semblent l'annoncer, que jamais la richesse des financiers ne devait parvenir à des degrés assez hauts pour qu'ils pussent être honorés à raison de cette richesse même : ou, comme le prétendent ceux qui interprètent le texte cité, par ce qu'il a dit ailleurs, cet illustre Écrivain a entendu que pour récompenser le financier, l'honneur ne devait pas concourir avec la richesse.

Dans le premier cas, son système serait d'accord avec les principes qu'il a commencé par établir. Dans le second, il faudrait dire qu'il n'est point de grand homme infaillible, et que Montesquieu lui-même aurait payé, par une inconséquence palpable, son tribut à l'erreur.

Car si d'un côté l'honneur est le principe de la monarchie ; si de l'autre l'agence des financiers tient à la nature même de ce gouvernement, et qu'ils y soient un membre nécessaire du corps politique, comme il l'a supposé partout : il s'ensuit évidemment que l'honneur qui donne l'impulsion aux autres classes, doit avoir également son action sur celle-ci ; il s'ensuit évidemment que le financier doit aussi participer aux distinctions et aux préférences, proportionnellement au genre d'utilité qui peut résulter de son travail.

Ce raisonnement, qui ne paraît susceptible ni de distinction ni de réplique, est la base des vues qui me resteront à développer ; après que j'aurai fait un léger tableau des inconvénients qu'entraînerait

CHAPITRE DIXIÈME.

l'opinion contraire.

Soumis par les lois de la nature, à des besoins de tout genre, l'homme est perpétuellement dirigé par l'appétit qui le porte à les satisfaire. Étendre et multiplier ses jouissances, est l'objet dominant de tous ses désirs ; accroître sans cesse le pouvoir et les moyens qu'il a de jouir, doit être le mobile de toutes ses actions.

Ainsi dévoré de la soif des richesses, il sacrifierait tout à l'envie de s'en procurer ; si la règle morale aidée du frein des lois, ne mettait au point qui sépare le juste de l'injuste, un terme à son avidité.

De là deux espèces de désirs : les uns qui tendent à contenter tous les besoins physiques, toutes les passions, tous les goûts ; les autres qui portent chaque individu à mériter l'estime de ses semblables, par l'exactitude avec laquelle il se renferme dans les bornes que la règle morale et les lois lui prescrivent.

L'état social ne subsiste qu'autant que le désir de l'estime sert perpétuellement de contrepoids aux autres : plus il acquiert d'influence et d'ascendant, plus le régime de la société acquiert de perfection. Chaque gouvernement a donc intérêt d'exciter ce désir par des récompenses qui portent avec elles l'objet même qu'il appète ; et c'est par là que l'honneur est le principe de la monarchie.

Mais s'il existait une classe de citoyens dont le nom seul fût pour ainsi dire un opprobre, en ce qu'elle serait exclue du genre de récompenses, *qui donne la vie à tout le corps politique, aux lois et aux vertus même* ; il est clair que le désir de l'estime ne pouvant balancer celui des richesses chez les individus dont elle serait composée ; toutes leurs vues, tous leurs efforts devraient tendre uniquement à en acquérir de nouvelles, afin de compenser par les jouissances qu'elles procurent, la privation des honneurs et des préférences réservées aux autres citoyens.

Or, cette classe que de faux préjugés, un écart sensible du principe de la monarchie, auraient en quelque façon retranchée du corps social, serait celle des financiers ; qui n'ayant alors d'autre but à se proposer que l'argent, ferait de l'art de multiplier ses gains, sa seule et continuelle étude.

Elle commencerait par compliquer ses propres opérations de manière que, malgré les recherches les plus approfondies, on ne pût que difficilement parvenir à en pénétrer le fond. La fiscalité la plus rigide présiderait aux différentes parties d'administration qu'on lui aurait confiées ; et partout l'intérêt de l'état, du commerce et des citoyens serait nul, dès qu'il se trouverait en concurrence avec celui de la perception.

Pour ouvrir à ses bénéfices des sources plus abondantes, elle solliciterait chaque jour des règlements interprétatifs, sous prétexte que certains articles des lois antérieures manqueraient de précision ou de clarté. Les dispositions de ces règlements, dont l'embarras des matières forcerait déjà le Ministre de lui abandonner la rédaction, seraient concertées avec tant d'art, qu'en déterminant le point principal on leur ménagerait encore des tangences avec des objets, ou exempts de droits jusques alors, ou soumis originairement à des quotités plus faibles ; et chaque tangence deviendrait une pierre d'attente, sur laquelle, à la première difficulté que les rédacteurs eux-mêmes auraient soin de faire naître, on établirait enfin par un dernier règlement se surcroit de perception que les précédents n'auraient fait que préparer.

Cette succession rapide et perpétuelle de règlements extenseurs, en rompant tout équilibre, en accablant le cultivateur, en décourageant l'industrie, produirait aux financiers des bénéfices immenses, malgré les augmentations qu'on pourrait mettre aux prix de leurs baux ; jusqu'à ce que des cris universels avertissant les Juges de la nécessité d'arrêter l'abus, ils profitassent de la complication même et de l'obscurité des lois, pour rappeler la perception à ses anciennes limites, et envelopper par-là la cupidité dans les propres filets qu'elle aurait tissus.

Mais comme il est dans la nature humaine, qu'en voulant réformer un extrême, elle se laisse insensiblement entraîner vers l'autre, il arriverait que la puissance judiciaire avec le seul objet de contenir et de réprimer l'agent qui perçoit, travaillerait par excès de zèle et sans s'en apercevoir, à éteindre toute perception. La puissance législative interviendrait alors pour la maintenir ; et du choc des deux puissances résulterait une anarchie passagère, qui, en suspendant les bénéfices des financiers pour un tems, ne servirait qu'à les rendre plus assurés ensuite ; parce qu'au-delà de certains degrés de résistance, il est de l'essence de la monarchie, que le pouvoir du prince, dont ces mêmes financiers auraient dirigé l'action, reprenne sa prépondérance naturelle sur tous les

CHAPITRE DIXIÈME.

pouvoirs intermédiaires, émanés de lui.

Sans vouloir détailler ici tous les inconvénients possibles, il en reste encore un que je ne puis passer sous silence. On cherche depuis longtemps à déterminer quel est le degré précis de luxe qui convient à une grande monarchie : et ce problème auquel on s'est contenté d'appliquer les calculs politiques, est demeuré sans solution ; parce qu'en considérant le luxe du seul côté de la puissance pécuniaire, on est effectivement forcé de conclure que plus il acquiert de degrés, plus il procure de richesse : quoique d'un autre côté, en considérant ses abus, on sente qu'il existe nécessairement un terme où doivent cesser ses progrès.

L'insuffisance de ces calculs, démontrée par un résultat si peu satisfaisant, devait ce semble indiquer la nécessité de recourir à la règle morale, dont les lois combinées avec l'intérêt politique, auraient donné la solution qu'on cherchait.

On aurait vu que si la puissance pécuniaire ajoute à la puissance réelle, cependant elle ne la constitue pas : que la force première de l'état est dans la nature même de son gouvernement, dans le concours perpétuel de toutes les volontés, au but commun de l'intérêt général ; et que la puissance pécuniaire sans activité par elle-même, n'a de poids et d'efficacité que par cette force première qui la met en action.

On en aurait inféré d'abord que le soin d'accroître la richesse, doit être subordonné sans cesse à celui d'affermir la constitution ; et que la règle morale étant la base essentielle de l'ordre public, les moyens de conserver et d'augmenter son influence doivent fixer avant tout l'attention du gouvernement.

Enfin on aurait conclu qu'où le luxe commencerait à régner assez despotiquement dans les différentes classes, pour que la règle morale y devint une barrière inutile contre le penchant qui porterait à satisfaire tous les goûts qu'il inspire ; là il y aurait l'intérêt le plus pressant de réprimer ses excès, non par des lois somptuaires qui sont toujours inefficaces, parce qu'elles ne peuvent attaquer que les effets ; mais en recherchant les causes, et en employant, suivant la nature de chacune, les remèdes propres à les faire cesser.

Or une de ces causes serait évidemment l'extrême richesse du financier, qui fier de son opulence et toujours avide de jouir, voudrait combler en partie l'intervalle qui le sépare des grands, en les égalant ou les surpassant par le faste. Les grands, jaloux de se maintenir dans tous les genres de supériorité que la constitution de l'état leur assigne, voudraient de leur côté surpasser le financier ; et de cette concurrence résulterait un excès de luxe sous lequel les grands, faute de veines de richesses qui portassent chez eux l'or, avec la même abondance, succomberaient bientôt, sans la ressource qui leur resterait de réparer leurs dissipations par des alliances avec ces mêmes financiers, l'objet éternel de leurs dédains ou de leur haine.

Delà deux autres conséquences qu'il est intéressant de faire sentir : l'une, que cette ressource de la mésalliance serait encore pour les grands un encouragement de plus à la prodigalité, à l'inconduite, et à toutes les infractions de la règle morale que le libertinage entraîne. L'autre, que dans l'ordre de la société, chaque classe se modelant de proche en proche sur celle qui la précède, et cherchant toujours à régaler, l'excès de luxe que l'émulation des deux plus opulentes aurait produit, refluerait nécessairement dans toutes les autres.

Ces divers inconvénients n'auront pas lieu quand la carrière *des distinctions et des préférences* sera ouverte aux financiers, et que le désir de l'estime aiguillonné par l'appas des récompenses honorifiques, pourra chez eux tempérer celui des richesses. Contents d'un bénéfice honnête, leurs vues principales se dirigeront du côté de la considération ; la fiscalité modifiera ses maximes trop rigides, pour les concilier avec l'intérêt public ; et par des services plus utiles à l'état qu'à eux-mêmes, ces financiers si décriés chercheront à mériter à la fois les suffrages de leurs concitoyens et la bienveillance du gouvernement.

Mais en admettant que dans certains cas l'intérêt personnel voulut encore prédominer, on l'arrêterait par la règle proportionnelle qui aurait originairement déterminé la nature, l'étendue et les degrés de l'impôt ; règle qui servirait toujours de pierre de touche au ministère, pour éprouver chaque innovation avant de l'admettre. On l'arrêterait par la connaissance intuitive qu'on aurait perpétuellement du véritable intérêt de l'état dans chaque branche d'administration ; enfin par la simplicité constante de toutes les lois bursales, qui ne laissant subsister aucun des prétextes spécieux

CHAPITRE DIXIÈME.

sur lesquels on aurait fondé l'utilité prétendue des règlements extenseurs dans les temps de confusion et d'anarchie, déconcerterait sans cesse les mesures que l'astuce et la cupidité voudraient mettre en usage pour essayer de parvenir à leurs fins.

En convenant des progrès que le mécanisme des finances a fait depuis environ quarante ans ; on s'étonne avec raison que les premiers devoirs du financier, l'espèce et la mesure des connaissances et des talents dont il a besoin, soient encore ignorés. Dans toute autre classe on distingue le bon ouvrier du mauvais, celle de la finance est la seule où le titre indéterminé de travailleur suffise pour donner la réputation d'homme utile : et cet abus qui pourrait précipiter journellement les Ministres d'erreurs en erreurs, ne tire son origine que de la multitude et de l'obscurité des matières, qui à force de se confondre, compliquent la machine au point qu'il est impossible d'en concevoir une idée nette ; et de déterminer par cette idée qu'elles seraient les qualités nécessaires au principal agent qui la dirige.

Mais si l'on écarte les nuages dont la finance est enveloppée de toutes parts pour chercher à démêler ses vrais principes, pour la considérer dans sa simplicité naturelle, on verra qu'aucune des parties qui constituent l'homme d'état, n'est étrangère au véritable financier : on verra qu'à la droiture du cœur, à la solidité du jugement, aux vues justes et étendues, il doit unir l'activité, la fermeté, l'esprit de conciliation et le goût du travail : qu'il doit être instruit des principes et de la forme du gouvernement, pour en rapprocher autant qu'il est possible la partie de son administration que la nature des choses n'a pas permis aux lois de régler par des dispositions invariables : que les sources de l'abondance et de la richesse commune étant pour ainsi dire confiées à lui seul, il doit connaître à fond les intérêts du commerce, favoriser ses opérations, veiller sans cesse à maintenir sa balance, éclairer le gouvernement sur les fausses mesures qui pourraient la rompre et lui suggérer au besoin les meilleurs moyens de la rétablir : que dans l'application des lois bursales, il doit lui-même envisager les objets en législateur, préférer l'esprit à la lettre ; interpréter dans ce sens tout ce qu'il y aurait d'obscur ou d'incertain, et ne proposer d'innovations au ministère, qu'autant que, sans altérer la base du système des finances, elles tendraient à une perception plus simple, à une répartition plus égale, ou à des arrangements plus économiques : qu'enfin le bien de l'état, l'intérêt général, étant liés intimement à son administration, nul motif personnel, nulle considération particulière ne doivent l'écarter des routes que lui tracent la conscience et l'honneur, pour arriver au mieux possible.

On conclura de ce tableau, que la finance prise dans son vrai point de vue, pourrait devenir une des écoles du ministère ; d'où après s'être instruit à fond des ressources et des besoins des peuples, l'homme de bien irait dans une sphère plus élevée consacrer à leur bonheur ses talents et ses veilles.

Il serait difficile sans doute, et dangereux peut-être, que toutes les compagnies fussent composées de financiers tels que je viens de les dépeindre. Difficile, parce qu'il est rare que la nature et l'éducation réunissent dans un certain nombre de sujets, toutes les qualités requises à un degré aussi éminent : dangereux, parce que la jalousie, cette passion que la concurrence et l'égalité de mérite, allument avec tant de facilité, produirait bientôt des divisions intestines qui nuiraient infailliblement aux succès de l'administration. Mais ne pourrait-on du moins placer à la tête de chaque compagnie un ou deux hommes supérieurs, dont les vues pures et désintéressées ne respireraient que l'amour du bien, et qui, dirigeant tous les grands objets par eux-mêmes, donneraient encore l'impulsion à ceux de leurs associés, qu'une capacité médiocre ne rendrait propres qu'à suivre et à discuter les opérations de détail ?

Au reste, les hommes supérieurs dont je parle, si nécessaires à la finance, si utiles au gouvernement même ; qu'ils pourraient dans les circonstances épineuses, éclairer de leurs lumières, ne se rencontrent point dans cette foule mercenaire, qui ne soit qu'encenser la fortune. L'avidité, sous le masque du talent, rampe autour des Ministres : le vrai mérite attend qu'on le recherche ; il rougirait qu'on pût le soupçonner de devoir la confiance qu'on lui témoigne, à la bassesse ou à l'intrigue.

CHAPITRE ONZIÈME.
Des Employés.

APRÈS avoir considéré les principaux agents de la perception, dans leurs rapports avec le principe de la monarchie, il me reste à parler ici des sous-ordres. Sans rappeler ce que j'ai dit, de la possibilité de réduire leur nombre en raison proportionnelle du degré de simplicité qui convient à la chose, je rechercherai seulement quels seraient les moyens de porter dans les classes inférieures, l'esprit de patriotisme et d'honnêteté qui doit animer la première.

Qu'on se représente une machine dont les ressorts placés au centre seraient destinés à mouvoir tous les points de la circonférence. Que dans l'intervalle du centre à la circonférence, on décrive à des distances inégales plusieurs cercles concentriques : qu'on suppose ensuite qu'à mesure que les ressorts partis du centre arrivent à l'un de ces cercles, ils s'y divisent sur chaque point, en autant de branches que le cercle suivant a de points relatifs ; et cette machine sera l'image parfaite de l'administration des financiers.

Les fermiers sont au centre : les premiers employés supérieurs au cercle le plus voisin ; ceux du second ordre au cercle d'après, et ainsi de cercle en cercle le rang diminue en même temps que le nombre augmente, jusqu'à ce qu'on arrive au cercle qui termine, sur la circonférence duquel se trouvent placés les derniers subalternes.

Le fermier donne l'impulsion à son premier agent ; celui-ci la répète aux points du cercle suivant qui lui correspondent ; et de degré en degré la même impulsion par un mouvement prompt et successif, communique en se multipliant jusqu'aux extrémités de la machine. De ces extrémités, l'effet de l'impulsion est ensuite reporté au centre, par le canal des mêmes intermédiaires qui la leur avaient transmise ; et la correspondance mutuelle de toutes les parties qui agissent et réagissent sans cesse les unes sur les autres, par une progression régulière, constitue le mécanisme de l'administration.

Il suit de cette démonstration, que les différentes classes d'employés doivent être envisagées comme parties intégrantes d'un ordre hiérarchique, qui du dernier subalterne s'élève graduellement jusqu'au fermier. L'autorité suprême est à un bout, la subordination absolue occupe l'autre ; et chaque intermédiaire participant à la fois des deux extrêmes, unit plus ou moins le pouvoir à l'obéissance, suivant le point d'élévation où il est placé.

La nature des fonctions assignées à chaque classe, en déterminant son rang dans l'ordre hiérarchique, détermine en même temps celui qu'elle tient dans le corps social. Ainsi le traitement de l'employé doit nécessairement le mettre au niveau de tout autre citoyen, auquel son état l'assimile : ainsi du simple nécessaire qui suffit au dernier subalterne, la proportion doit monter successivement jusqu'aux commodités, même à l'espèce de superflu qui conviennent aux premiers grades.

Remarquez qu'il serait pernicieux pour la chose même, qu'on s'écartât du principe qui règle naturellement cette proportion. Car si vous donnez au dernier subalterne plus que le nécessaire, vous lui fournissez les moyens de se livrer à la dissipation ; et par-là vous l'excitez à négliger des devoirs qui exigeaient de sa part une vigilance et une activité continuelles. Si vous lui donnez moins, ses devoirs seront également négligés : car il sera forcé de leur dérober une partie de son temps ; pour se procurer ailleurs la portion de nécessaire qui lui manque ; supposé même que pour l'obtenir par une voie plus courte, il ne préfère pas de conniver secrètement aux manœuvres du fraudeur, en lui vendant à vil prix l'intérêt de ses commettants.

Je n'étendrai pas la suite de ce raisonnement à chacun des degrés de l'ordre hiérarchique. On se rappellera sans doute ce que j'ai dit au Chapitre précédent, sur la richesse démesurée des financiers ; et il doit me suffire d'avoir montré les inconvénients du défaut de proportion aux deux extrêmes, pour avoir droit de conclure que les uns ou les autres seraient inévitables à tous les intermédiaires.

Si nous considérons maintenant les différents ordres d'employés, du côté des fonctions qui leur sont propres, nous verrons qu'elles deviennent plus délicates et plus importantes à mesure que le rang est plus élevé. Borné à des opérations purement mécaniques, le subalterne n'a à proprement parler qu'un travail de peine à fournir ; tandis que le supérieur qui le dirige doit réunir plus ou moins de sagacité, de talents et d'expérience, en raison composée du genre d'autorité qu'il exerce, et de la nature des devoirs personnels, dont il est lui-même comptable à ses chefs.

Or, s'il est de principe que l'école de l'obéissance soit celle qui forme le mieux à l'art de commander, et que généralement on prescrive avec plus d'intelligence, de justesse et de netteté des

CHAPITRE ONZIÈME.

règles aux autres, à raison de ce qu'on les a pratiquées soi-même, il s'ensuit évidemment que le meilleur moyen de perfectionner la régie est d'élever successivement chaque employé d'un grade à l'autre, à mesure que ses talents et les nouvelles connaissances qu'il acquiert, le mettent en état de le remplir.

Portez aux premiers emplois les sujets de distinction : n'accordez les places de retraite qu'à ceux dont le zèle supérieur aux talenos s'est signalé par de longs services dans les ordres inférieurs ; et que l'espèce ou l'ancienneté du travail soient les seuls titres qui décident des avancements et des récompenses.

Tant que vous tiendrez invariablement à ce principe, l'émulation croîtra sans cesse parmi vos employés ; la justice que vous exercerez envers eux, les rendra justes eux-mêmes ; vos préceptes feront une impression d'autant plus sure, qu'en toute occasion vous donnerez l'exemple à l'appui ; et par là les vues droites et patriotiques de la classe qui gouverne, formeront insensiblement l'esprit général de toutes les classes subordonnées.

S'il arrivait, au contraire, que le népotisme, la protection, l'intrigue, la bassesse et l'espionnage obtinssent à chaque instant la préférence sur le mérite ; alors les talenos devenant inutiles, tout sujet qui n'aurait pour lui ni parents ni protecteurs, serait contraint de recourir au moins à l'une des trois autres voies pour s'avancer : alors comment les vices que le soin de son propre intérêt lui aura fait contracter, et qui d'un jour à l'autre le conduiront à de nouveaux degrés de dépravation, n'influeraient-ils pas malgré la vigilance et les ordres des supérieurs, dans la partie d'administration dont il est chargé particulièrement ?

CHAPITRE DOUZIÈME.
De l'administration des Finances.

Les finances d'une monarchie sont en grand, ce que les revenus d'une famille sont en petit. Si le pere de famille porte constamment sa dépense au-delà de sa recette, bientôt les emprunts successifs auxquels ils est forcé, accumulant capitaux sur capitaux, intérêts sur intérêts, le conduisent à sa ruine.

La même cause épuise peu à peu toutes les ressources d'un état ; et jointe aux vices que le défaut d'ordre produit par une suite nécessaire dans toutes les parties du gouvernement, elle peut encore opérer sa destruction. Qu'on suive en détail la comparaison dans tous ses rapports, elle donnera des deux côtés les mêmes résultats.

Dans le cas où, de part et d'autre, l'administration serait également sage et économique, il y aurait un seul point de différence, que je crois intéressant de marquer. C'est qu'un état dont les besoins augmentent, peut aussi multiplier ses ressources ; au lieu qu'un chef de famille, privé de cet avantage, est réduit à économiser sur le revenu même, un fond de réserve pour les accidents imprévus : et ceci amène naturellement la question de savoir s'il est plus avantageux au monarque de ne porter annuellement l'objet de l'impôt qu'au niveau des dépenses ; que de former par des excédents accumulés les uns sur les autres dans les temps de calme, un trésor capable de subvenir aux besoins extraordinaires.

Je réponds que si l'état est pauvre, c'est-à-dire que le sol soit assez ingrat et l'habitant assez dénué des ressources de l'industrie, pour qu'en général le produit annuel s'étende peu au-delà de la subsistance, il est de l'intérêt de tous que le monarque thésaurise ; parce qu'il serait physiquement impossible que dans les circonstances malheureuses, l'impôt montât chez un tel peuple aux mêmes degrés que les besoins.

Au contraire, si l'état est riche, que le terrain fertile en tout genre de productions, excite sans cesse le citoyen actif et laborieux qui le cultive, à étendre son commerce et son agriculture ; je réponds que l'intérêt général est de borner annuellement l'objet de l'impôt à celui des dépenses : car les fonds que le Souverain tiendrait enfermés dans ses coffres, auront pullulé au centuple dans les mains industrieuses de ses sujets, où ils lui assurent des ressources aussi promptes et beaucoup plus abondantes, pour l'instant du besoin.

Il suit de là que dans toute monarchie placée à des degrés mitoyens entre la pauvreté et la richesse, où la promptitude et l'abondance des ressources bursales ne pourraient dans certains cas être proportionnelles à l'urgence et à l'étendue des besoins ; il est essentiel de se ménager toujours un fonds de réserve, dont la somme soit égale à celle des dépenses qu'occasionneraient

CHAPITRE DOUZIÈME.

les divers évènements que les circonstances mettent à portée de prévoir, moins la somme des secours extraordinaires que les peuples seraient alors en état de fournir.

La fortune a tant de part à la puissance et aux intérêts des nations, des causes imprévues y produisent des révolutions si subites, qu'il est aisé sans doute à la politique la plus profonde d'errer souvent dans ces calculs. Mais le Souverain qui porte jusque-là la prévoyance, doit avoir introduit déjà partout tant d'ordre et de règle ; chacune de ses mesures doit être combinée avec tant d'habileté, de sagesse et de précaution, que les avantages qui en résultent suffisent et au-delà pour corriger ce que les caprices du sort auraient mis de défectueux dans ses spéculations.

La paix dans une monarchie riche est le temps de la restauration. On remet chaque branche de revenu en valeur, on rétablit l'ordre, on bannit les abus des parties que le Ministre, occupé d'objets plus instants, n'avait pu suivre d'assez près.

Si l'épuisement de quelque partie a ralenti sa marche, ou qu'un mouvement trop rapide l'ait emportée au-delà des autres, on cherche à la ramener doucement à sa place, et à faire revivre les rapports harmoniques qui doivent sans cesse les tenir dans un accord parfait.

L'esprit d'économie se porte à tout : il éclaire la conduite des agents de l'administration, punit sévèrement les déprédations connues, qu'il regarde avec raison comme la cause première de l'épuisement général, et s'applique à poser de nouvelles barrières contre les déprédations à venir.

L'administration travaille en même temps à rendre au corps de l'état son ancien lustre. Agriculture, arts, commerce, tout est encouragé. On a puisé dans l'école de l'adversité de nouveaux moyens de perfection qu'on se hâte de mettre en usage. Le peuple qui respire à peine, oublie ses maux en voyant qu'on s'en occupe, et bénit d'avance la main bienfaisante qui va lui rouvrir les sources de l'abondance et du bonheur.

C'est alors que pour le soulager du fardeau qui l'accablait, on réduit l'objet de l'impôt à celui des dépenses ordinaires, et de l'excédent nécessaire pour amortir successivement la dette par un plan de liquidation aussi sagement conçu que fidèlement exécuté ;

liquidation qui produit le double avantage de libérer l'état, et de lui assurer la confiance publique, en cas de nouvelles calamités.

Mais plus la grandeur de l'épuisement et du désordre exigera de force et d'efficacité dans les moyens propres à opérer la restauration, plus il faut aussi de prudence et de circonspection dans la manière de les employer. Si l'on rend la convalescence plus lente, en divisant le même remède en un plus grand nombre de prises, on est sûr du moins de parer aux accidents qu'occasionnerait une dose trop forte pour le tempérament et l'état du malade : au lieu qu'en voulant brusquer la guérison par la méthode contraire, on risque de provoquer des crises qui non-seulement augmenteraient le mal et la faiblesse ; mais qui, malgré la bonté, du remède en lui-même, pourraient encore ne se terminer que par la plus fâcheuse catastrophe.

La guerre est pour cette monarchie l'état de violence. Un surcroît de besoins exige une augmentation de secours, et l'art du Ministre consiste à la procurer avec le plus de facilité et le moins d'inconvénient possibles.

J'ai dit au Chapitre II. que dans aucun tems, l'impôt sur les consommations ne devait s'arrêter qu'au point où la balance du commerce risquerait d'être rompue par la surcharge. Ainsi loin que cette partie principale du revenu puisse fournir un supplément proportionnel aux besoins, il est probable au contraire, que son produit courant diminuerait ; soit à raison du préjudice que la guerre porte au commerce en général, ou par l'interruption totale qu'il pourrait éprouver dans quelqu'une de ses branches.

Il résulte donc de là que l'impôt personnel sera contraint de supporter non-seulement tout le poids des secours extraordinaires ; mais encore le *déficit* de l'impôt sur les consommations.

Or, pour peu qu'on examine combien la modicité de l'impôt personnel dans les temps de calme, aura augmenté la richesse commune par les encouragements qu'en aura reçu la reproduction ; on sentira qu'il fournirait alors beaucoup plus de ressources à lui seul que n'en procureraient ensemble tous les genres d'impositions possibles ; si le peuple, accablé constamment du poids de cet impôt, n'avait pu profiter de la faveur des circonstances précédentes, pour donner l'essor à son industrie.

CHAPITRE DOUZIÈME.

Cependant, comme les divers inconvénients attachés à la nature même de l'impôt personnel, le rendent nécessairement oppressif ; qu'au retour de la paix, la restauration deviendrait plus lente, en raison des degrés plus hauts auxquels on l'aurait porté ; que d'ailleurs cette branche de revenu étant celle qui produit les dernières ressources, il faut autant qu'il est possible la conserver pour les besoins extrêmes ; la prudence veut qu'on cherche à éloigner le terme de son épuisement, par l'usage de tous les expédients que la constitution de l'état peut admettre.

Dans une monarchie riche et industrieuse, la voie des emprunts, par exemple, offre des secours d'autant plus multipliés aux mains qui savent en tirer parti, que par lui-même l'état de guerre, la facilite à certains égards. En effet, la consommation intérieure devenant moindre alors, et le commerce perdant une portion considérable de son activité, nombre de particuliers se trouvent possesseurs de fonds oisifs que la langueur de la circulation a remis dans leurs coffres, et dont ils ne cherchent qu'à faire un placement quelconque, pour lequel ils préfèrent presque toujours dans ces sortes de conjonctures la sureté du capital à la forte quotité de l'intérêt.

Voilà la principale source où le Ministre doit puiser les moyens de ménager les contribuables, en déployant tout l'art que ses lumières et l'expérience lui donnent pour emprunter le plus possible et aux conditions les moins onéreuses.

Je dis le plus possible, quoique les lois d'une proportion dont je montrerai la nécessité au Chapitre suivant, ne permettent pas à l'emprunt de franchir certaines bornes. Mais toute Monarchie constamment gouvernée dans le sens de ses maximes constitutives, telle que je la suppose ici, doit acquérir par le seul effet nécessaire de la bonté de son régime, tant de vigueur et un tel ascendant sur les événements mêmes, qu'elle saura les maîtriser en quelque sorte ; et que détournant par prudence ou par force une partie de l'influence désastreuse qu'elle paraissait devoir en ressentir, elle se maintiendra continuellement au point de n'être jamais réduite à l'obligation d'épuiser ses ressources ; pas même à celle d'altérer l'équilibre de son système économique.

De la cause à laquelle j'ai rapporté plus haut les facilités qu'avait l'état pour emprunter en temps de guerre, dérive une conséquence qui mérite d'être observée. C'est qu'à raison des emprunts déjà faits, la masse des fonds oisifs diminuant dans les mains des particuliers, les nouveaux emprunts, à mesure qu'ils se succèdent, doivent devenir plus difficiles à remplir, et forcer le gouvernement à des conditions plus onéreuses,

L'habileté consiste donc à éviter ces deux inconvénients, et à se tenir autant qu'il est possible au-dessous de la proportion qui devrait naturellement s'établir entre la progression des emprunts et le surenchérissement de l'intérêt ; tantôt en excitant la confiance par la solidité de l'hypothèque, ou la perspective d'un prompt remboursement ; tantôt en aiguillonnant la cupidité par les espérances que peut offrir la voie du sort.

En général, chaque manière d'emprunter doit être combinée sur les circonstances où on l'emploie, sur les goûts du tems, sur le caractère national. Chez un peuple sensible par tempérament à l'attrait des nouveautés de tout genre, il est surtout essentiel de varier fréquemment les emprunts, dans la crainte qu'une même forme trop répétée ne le dégoute ; et que le peu de succès qu'elle aurait en dernier lieu, ne vienne encore par contrecoup à discréditer les autres.

Si dans le nombre des secours que le gouvernement rassemble pour faire face aux nouveaux besoins, il lui rentre quelque branche de perception extraordinaire et momentanée, que d'anciens revers avaient forcé d'aliéner dans des mains qui ont négligé de la mettre en valeur ; ou que sans porter d'atteinte à la balance générale du commerce, on puisse en établir quelqu'une de cette espèce sur les excès du luxe dans une capitale trop opulente ; non-seulement il importe d'en tirer du côté du produit tous les avantages dont elle est susceptible, mais encore de l'hypothéquer de préférence en cas d'emprunt ; afin de conserver autant qu'il est possible les branches de revenu fixe, libres et intactes. C'est imiter l'Ingénieur, qui chargé de défendre une place, inspire aux assiégés plus de confiance et d'espoir, à mesure qu'il éloigne l'attaque des principaux ouvrages, par l'art avec lequel il tire parti de ses dehors.

Je ne dirai qu'un mot des projets ; et seulement pour observer qu'ils sont une des choses dont l'administration doit se défier le

CHAPITRE DOUZIÈME.

plus.

Chaque projet est ordinairement l'ouvrage d'un homme pourvu de connaissances et de lumières, qui relativement à l'intérêt qu'il a de le faire réussir, déploie les ressources de son esprit pour en exagérer les avantages, et en cacher les côtés défectueux. Ce n'est donc qu'en le suivant pas à pas dans tous ses détours, qu'en décomposant les unes après les autres, toutes les parties de son plan, en les comparant entre elles, en les rapprochant séparément des vrais principes, qu'on peut réduire à leur juste valeur les avantages qu'il annonce, et découvrir à travers le nuage dont il s'enveloppe, les inconvénients qui les balancent ou les surpassent.

Je distinguerai pourtant deux sortes de projets : les uns qui sans effort, sans dépense, et surtout sans appesantir le fardeau de l'impôt, offrent les moyens de se procurer des sommes immenses. Les autres, qui fondés sur des spéculations beaucoup plus modestes, se bornent à de simples vues de perfection.

L'intitulé seul des premiers devrait être un motif suffisant de les proscrire : car il est souverainement absurde d'imaginer que dans un état où le timon des finances est depuis longtemps dirigé par des mains habiles, où le premier de tous les vices est peut-être d'avoir trop multiplié les moyens, des sources d'où la richesse découlerait avec tant d'abondance et de facilité, aient échappé jusque-là ; je ne dis pas seulement à la sagacité des Ministres, mais à la sagacité plus pénétrante encore des financiers : ou supposé qu'après avoir dépouillé le projet de tout ce que l'exagération lui avait prêté de séduisant, il restât quelque faible partie des avantages qu'il annonçait ; en creusant plus avant, on trouverait que du côté de la reproduction, du commerce, ou des différentes branches de l'impôt, il y aurait infiniment plus à perdre, que son admission ne produirait.

Quant aux projets de la seconde classe, il peut sans doute y en avait d'utiles, c'est à l'administration à éprouver leur bonté par la méthode que j'ai indiquée plus haut. Pour moi j'avoue qu'en fait de projets, je déterminerais volontiers ma confiance par cette règle, que celui qui promet le moins, est en général celui qui doit valoir le mieux.

Jean-Baptiste-Bertrand Durban

CHAPITRE TREZIÈME.
Du crédit public.

La bonté du gouvernement, l'ordre qui règne dans toutes ses parties, l'économie avec laquelle sont administrées ses finances, et par-dessus tout son exactitude à remplir les engagements qu'il a contractés, son la base du crédit public. Plus il est grand, plus il offre de ressources à l'État : ainsi l'intérêt qu'on a de l'augmenter ou de le maintenir, doit être perpétuellement la pierre de touche et la mesure des moyens qui tendent à en tirer parti.

Remarquez qu'indépendamment des altérations qu'il pourrait éprouver par des dérangements dans les causes qui le produisent, l'abus seul qu'on en ferait suffirait aussi pour l'énerver d'abord, et l'anéantir ensuite : car le crédit tient nécessairement à des rapports proportionnels entre l'étendue des ressources et la masse des dettes, qui soient le gage de la certitude et de la facilité de la libération, et qui puissent servir de véhicule aux prêteurs.

Quand à force d'avoir multiplié les emprunts, ce véhicule vient à manquer ; que d'un côté, pour pouvoir se procurer une partie de l'emprunt en argent, on est contraint de recevoir au pair des effets dont la valeur première a baissé considérablement dans le commerce ; et que pour balancer les risques auxquels sont exposés les capitaux, on est réduit de l'autre à tenter la cupidité par l'appas d'un intérêt excessif ; alors tout ordre est interverti. L'État s'obère d'autant plus qu'en comparaison du poids énorme qu'il vient d'ajouter à la masse de la dette, le secours réel qu'il a tiré n'est presque rien. Alors chaque particulier abandonnant ses occupations ordinaires pour courir après la fortune, plus prompte et plus facile que peut lui procurer l'agiotage, s'applique uniquement à saisir avec adresse les alternatives de faveur et de désavantage que donnent aux effets les dernières convulsions du crédit mourant, et comme le dit très-bien Montesquieu, *l'impôt levé pour payer l'intérêt ruineux de la dette*, même pour en amortir le capital, supposé que dans une crise aussi violente on puisse penser à se libérer ; *ôte les fonds à ceux qui ont de l'activité et de l'industrie, pour les transporter aux gens oisifs.*

Au contraire, de la plupart des autres ressorts du gouvernement qui se règlent et se consolident à mesure qu'on les exerce, le plus sûr moyen d'étendre et de fortifier le crédit, est d'en user le moins possible. Plus on s'est abstenu d'y recourir dans les temps de tranquillité, plus il offre de secours dans les temps de crise.

Ceci me conduit à examiner de quelle nature sont ses rapports avec ce qu'on nomme effets publics, et comment le cours de ceux-ci peut lui servir de thermomètre.

On sent qu'il ne s'agit point ici des papiers, qui, dans certains États, représentent la monnaie, et circulent avec la même facilité qu'elle. Ce genre d'effets répugne d'autant plus à la constitution monarchique, que l'extrême confiance dont il a besoin pour remplir constamment sa destination, ne peut exister que chez des nations qui, en corps, ou par des représentants qu'elles se choisissent, participent elles-mêmes à la législation et au gouvernement.

Je ne parle donc que des effets qui représentent la dette, et que le Souverain remet aux prêteurs, pour être à la fois le titre de leur créance, le gage de leur remboursement et celui de l'intérêt annuel que l'effet porte avec lui.

Ces effets commerçables de leur nature, se négocient au pair, c'est-à-dire pour la même somme qu'ils valaient originairement, ou au-dessus, ou au-dessous du pair.

S'ils se négocient au pair, on peut croire que le crédit de l'État est encore le même qu'il était au moment de l'emprunt.

S'ils sont au-dessus ou au-dessous du pair, il est probable que par l'effet naturel des évènements heureux ou malheureux survenus depuis leur création, le crédit a haussé ou baissé d'un degré proportionnel à la différence qui se trouve entre le cours actuel et le pair.

Mais comme à raison de la multiplicité des emprunts, de la forme particulière sous laquelle quelques-uns ont été faits, de la solidité de l'hypothèque, ou de la proximité des remboursements, il arrive qu'une partie des effets monte, tandis que l'autre baisse, ces conséquences deviennent plus difficiles à saisir avec une certaine précision.

Alors il faut nécessairement recourir à la balance générale de la progression des uns et de la chute des autres, pour apprécier par son résultat quel degré de crédit il reste à l'État, dans l'opinion publique.

Je n'ajoute pas, que pour se rendre compte à lui-même, il faut encore que le gouvernement cumule à l'intérêt fixe accordé dans chaque emprunt, d'un côté les avantages particuliers assignés par la voie du sort, de l'autre l'excédent d'intérêt occasionné par la portion de capitaux, reçue en effets au pair, malgré leur perte actuelle ; et qu'il détermine la quotité commune de l'intérêt, uniquement par l'objet des secours effectifs que la totalité des emprunts lui a produit.

Qu'il faut ensuite comparer cette quotité commune au taux de l'intérêt légal, afin que si elle est la même, ou quelle le surpasse, on connaisse par-là la nécessité de renoncer à ce genre de ressources, à moins que les circonstances ne forcent absolument la main : car la quotité commune de l'intérêt de la dette ne peut excéder le taux de l'intérêt légal, sans qu'il en résulte un dérangement dans les règles ordinaires, qui parvenu à certains degrés, pourrait opérer leur subversion.

On sent qu'aucune de ces considérations n'a dû échapper à ceux qui suivent attentivement la marche progressive des plans du ministère ; et que d'ailleurs elles tiennent à des points de fait si évidents par eux-mêmes, qu'il serait moralement impossible qu'elles ne fussent pas entrées dans les combinaisons sur lesquelles s'est réglée l'opinion publique.

Au reste, en établissant que le cours des effets représentant la dette, est à peu près le thermomètre du crédit de l'État, je néglige les vicissitudes opérées par de petits expédients mis quelquefois en usage pour remonter certains effets, dont la faveur importait aux besoins du moment ; ou cette faveur éphémère a eu sur les autres un reflux proportionnel de discrédit, ou les faibles avantages qu'elle a produits se sont trouvés bien inférieurs aux soins et aux dépenses qu'elle avait coûtée : tant il est difficile que dans des siècles de lumières, on parvienne à donner le change au public, sur les opérations du gouvernement qui sont à sa portée.

On a proposé, comme un excellent moyen de rétablir le crédit, de s'assurer de fonds suffisants pour pouvoir offrir le remboursement à tous ceux qui n'accepteraient pas la réduction de l'intérêt.

D'abord ce moyen me paraît impraticable dans des conjonctures

CHAPITRE TREZIÈME.

critiques : car le besoin de regagner la confiance, étant toujours proportionnel au degré de discrédit occasionné par l'épuisement de toutes les ressources ; il s'ensuit évidemment que le moment où la revivification du crédit serait plus utile, est précisément celui du défaut absolu de fonds libres.

On pourrait s'en servir, il est vrai, quand la restauration est déjà commencée ; mais j'observe que par une conséquence nécessaire, l'intérêt ayant haussé entre les particuliers, à mesure que l'État a haussé le sien ; on ne tenterait avec succès la réduction de celui-ci, qu'autant qu'elle serait exactement alignée sur la dégradation lente que fait éprouver à celui-là le rétablissement successif de l'industrie, du commerce, et des arts.

D'où je conclus, 1°. que comme le crédit d'une monarchie se mesure en général plutôt par l'objet de la dette, que par la quotité de l'intérêt qu'elle en paye, toutes les vues du gouvernement doivent tendre de préférence à se libérer du côté des capitaux.

2°. Que suivant l'ordre naturel des choses, la quotité de l'intérêt ayant pris des accroissements progressifs à mesure que les emprunts se sont succédés ; en commençant par rembourser les derniers, on s'assure des avantages équivalents à ceux du moyen proposé : et qu'alors le crédit se fortifie non-seulement en proportion du montant des capitaux et des intérêts amortis ; mais qu'il reçoit encore une nouvelle force de la sagesse même du plan de liquidation, de la stabilité qu'on lui assure, et de la fidélité avec laquelle on l'exécute.

C'est une erreur de croire que l'État ménage son crédit, en empruntant dans certains cas celui de quelques corps. Au contraire, il avertit qu'il s'en défie lui-même, et s'ôte par cela seul ce qui pouvait encore lui en rester.

Si cet expédient ne ménage pas le crédit d'État, on peut encore moins dire qu'il le supplée.

En effet, ou les corps, au nom de qui l'opération se fait, sont des États de provinces, ou des compagnies chargées de la perception des revenus du Souverain.

Dans le premier cas, la province est déjà tellement accablée par le poids de l'impôt et par celui des sommes exigées à titre de secours extraordinaires, que les nouveaux engagements qu'elle offre de prendre, sont visiblement hors de toute proportion avec ses forces et ses ressources.

Dans le second cas, le crédit d'une compagnie n'étant jamais relatif au revenu même de l'impôt qu'elle exploite, par la raison qu'il est une des bases de celui de l'État ; mais uniquement aux bénéfices que son exploitation lui procure ; il est rare qu'au moyen des avances excessives qu'elle a déjà fournies, ce crédit ne soit pas absolument nul au moment où l'État voudrait s'en servir.

Et comme dans l'une et l'autre hypothèse, le crédit particulier de chaque corps, indépendamment des atteintes directes qui l'énervent, est encore soumis à l'influence générale du discrédit de l'État ; il paraît clair qu'à quelques degrés que celui-ci soit parvenu, le gouvernement trouvera toujours plus aisément et à des conditions plus douces, en empruntant lui-même ; qu'en se substituant des corps, en qui la confiance publique doit être évidemment beaucoup moindre.

CHAPITRE QUATORZIÈME.
De l'intérêt de l'argent.

L'ARGENT, comme signe de toutes les valeurs, est lui-même un objet de commerce soumis à des règles particulières.

La valeur des denrées varie sans cesse, en raison composée de l'abondance et du besoin ; la valeur numéraire de l'argent, fixée par les lois, ne peut au contraire éprouver de vicissitudes ; et de cette première différence en dérive nécessairement une autre dans la manière de le négocier.

Relativement à la mobilité perpétuelle de sa valeur, la denrée se vend ; et le droit civil permet au vendeur d'en exiger le prix courant, sans égard à celui qu'elle lui coûte.

Relativement à l'immutabilité de sa valeur, l'argent ne peut se vendre ; parce que la vente suppose un bénéfice, et qu'au contraire les lois défendent à celui qui fournit de l'argent à un autre, sous condition de le rendre en espèces, d'exiger, au terme convenu pour la restitution, plus que le capital de la somme fournie.

Le commerce permis de l'argent se réduit donc au simple prêt :

mais comme on présume que l'argent employé en denrées ou en fonds aurait produit un revenu à celui qui le prête, et qu'il portera le même avantage à celui qui l'emprunte ; le droit civil autorise le prêteur à exiger de l'emprunteur un intérêt annuel, qui jusqu'à l'époque du remboursement, lui tienne lieu du revenu qu'il en aurait tiré.

La loi fixe en même temps la quotité de cet intérêt, pour que sa décision serve de règle à la puissance judiciaire, dans les contestations où elle devra statuer ; et de base aux engagements que les citoyens contracteront sous son autorité.

Il paraîtrait résulter de là que dans toutes les conventions civiles, l'intérêt de l'argent, semblable à sa valeur, devrait être immuable ; mais des considérations plus fortes que la loi qui le règle, l'obligent en certains cas à se modifier ; même à fermer les yeux sur les transgressions qu'elle éprouve.

1°. La raison qui détermine les vicissitudes du prix des denrées, et qui ne peut rien sur la valeur de l'argent, en tant que capital, influe nécessairement sur la quotité de l'intérêt qu'on en paye. Si l'espèce abonde et que le besoin diminue, l'intérêt baisse en proportion : dans l'hypothèse contraire, l'intérêt monte en raison inverse.

2°. Il arrive que dans le temps même où la quotité d'intérêt fixée par le Roi, peut être sans inconvénient la base de tous les contrats relatifs aux propriétés territoriales et mobilières, les alternatives de faveur et de désavantage que le commerce éprouve en général, opèrent des vicissitudes proportionnelles dans l'intérêt de la portion de numéraire que la pente naturelle des canaux de la circulation vers lui, semble avoir uniquement destinée a son aliment.

3°. Chaque branche de commerce, indépendamment des différents degrés de risque auxquels elle expose, est encore susceptible de bénéfices plus ou moins considérables. Ainsi le commerce maritime par exemple, l'emportant d'une manière sensible à ces deux égards sur le commerce de terre, il arrive qu'on n'emprunte pour celui-ci qu'à un intérêt modique ; tandis que l'intérêt croît pour l'autre en raison composée du plus grand gain qu'il procure à l'emprunteur, et du plus grand risque que les hasards de la mer font courir au capital.

Jean-Baptiste-Bertrand Durban

Or, du concours de toutes ces causes qui tiennent à la nature même des objets, sans que leur influence puisse être adoucie ou corrigée par aucun effort politique, dérivent deux conséquences.

La première, que dans une Monarchie riche et industrieuse, il est indispensable qu'à raison des divers emplois qu'on destine à l'argent, il s'établisse à la fois différentes quotités d'intérêt ; et que tout ce qu'on peut raisonnablement faire en faveur de la loi, qui n'en admet qu'une seule, c'est de pourvoir autant qu'il est possible à ce que les conventions particulières qui l'excédent, ne la heurtent pas par des atteintes trop directes et trop vives.

La seconde, que la quotité légale ayant le double objet de régler le sort de tous les contrats ordinaires, et de servir pour les engagements du commerce, à peu près de terme moyen aux différents degrés de hausse et de baisse, où l'intérêt peut être porté par l'effet des conjonctures ; il est essentiel que cette quotité légale avoisine d'avantage les degrés les plus élevés que les plus bas.

1°. Parce que dans la progression ascendante et descendante dont il s'agit ici, le terme moyen ne peut être le point central ; car à circonstances égales pour les deux extrêmes, le seul cours naturel des choses donnera toujours à l'intérêt plus de propension à baisser qu'à monter : Et ceci vient de ce que l'activité des négociations pécuniaires se réglant en général sur le taux courant de l'intérêt, on n'emprunte à mesure qu'il hausse, que pour les besoins indispensables : on remet à des temps plus heureux les emprunts qui n'auraient pour objet que des défrichements, des améliorations de culture, des établissements nouveaux, des spéculations de commerce, des acquisitions de convenance, des constructions plus somptueuses ou plus commodes ; et l'homme pécunieux à qui le ralentissement sensible de la circulation fait craindre qu'une partie de ses fonds ne reste oisive, aime lâcher la main sur l'intérêt, que de s'exposer à perdre pendant longtemps le revenu que ces mêmes fonds doivent lui produire.

2°. Parce que les opérations du commerce et les diverses conventions civiles, peuvent de même que les emprunts de l'État, se faire sans inconvénient à un intérêt moindre que la quotité légale ; la même loi qui valide tous engagement pris au taux qu'elle a fixée, validant à plus forte raison ceux qu'on aurait contractés à

CHAPITRE QUATORZIÈME.

un taux inférieur.

3°. Parce qu'au contraire toute convention qui stipule un intérêt plus fort, étant une infraction à la loi, dont le secours ne peut alors être invoqué pour rendre l'engagement exécutoire ; il s'ensuit que la complication même des expédients qui tendent à éluder cette loi, jointe à l'incertitude de leur efficacité en cas de discussion, cause une multitude d'embarras et de lenteurs dans une partie de l'ordre public qui ne peut fleurir qu'à force d'activité, et qu'autant que sa marche toujours simple n'est arrêtée par aucun obstacle, ni prolongée par aucun détour.

Or s'il est démontré que, moins il y a de quotités au-dessus de la quotité légale, dans l'intérêt de tous les capitaux circulants, plus la circulation fournit avec abondance et célérité aux besoins de tous les genres ; on ne peut se dissimuler que dans la proportion inverse, cette même circulation arrêtée de tous côtés, cesserait bientôt de porter aux différentes parties les secours bienfaisants qui les vivifient et les conservent.

Qu'ainsi l'augmentation de la masse du numéraire, par l'accroissement de la richesse commune, doit seule produire la réduction de l'intérêt ; et que ce n'est qu'au moment où les quotités stipulées dans les conventions de toute espèce seraient devenues généralement inférieures à la quotité légale, que la puissance législative peut intervenir pour rabaisser cette quotité au terme moyen qu'elle doit occuper sans cesse.

Qu'ainsi tout acte de la puissance législative, qui ferait violence à l'intérêt pour le réduire à un taux moindre, quand dans toutes les conventions particulières, la nécessité des circonstances forcerait de l'élever à des degrés plus hauts, porterait au corps de l'État un préjudice irréparable ; et que le faible avantage d'avoir satisfait par-là le besoin du moment, serait trop acheté par la destruction de la plus sûre partie des ressources qui devaient pourvoir aux besoins à venir.

CHAPITRE QUINZIÈME.
Des rapports de la finance avec toutes les parties de l'administration.

Jean-Baptiste-Bertrand Durban

Le commerce est de toutes ces parties, celle avec qui la finance a les rapports les plus immédiats ; rapports d'où dérive la nécessité d'un équilibre perpétuel entre l'un et l'autre.

Le commerce est l'aliment de la finance, sans lui la plupart des impôts ne seraient rien.

Loin donc que l'esprit de fiscalité puisse pré-pondérer dans aucun cas, et que pour déterminer l'assiette d'un nouvel impôt, il suffise de pouvoir la colorer d'un prétexte quelconque de police ou de protection ; il importe au contraire que l'esprit de commerce prédomine sans cesse, et que son intérêt soit toujours la règle de l'imposition, comme sa balance doit en être la mesure.

Tout l'art de la finance, du côté du commerce, se rapporte à trois maximes générales.

Faites que dans l'intérieur, le prix de chaque denrée, y compris l'objet du droit qu'elle supporte, soit toujours proportionnel au rang que cette denrée tient dans l'ordre des choses de nécessité, de commodité, ou de superflu.

Faites que les denrées importées du dehors, ne puissent dans l'intérieur concourir avec les vôtres.

Tâchez que celles de vos denrées qui s'exportent au dehors, puissent y soutenir la concurrence, même y obtenir la préférence sur toutes les autres.

Des Écrivains judicieux ont prétendu que l'affranchissement du commerce de tout impôt, était le moyen le plus efficace d'augmenter la richesse et la prospérité d'un État.

Je pense au contraire, que la nation qui adopterait ce système, ferait de gaité de cœur, tourner la balance du commerce à son désavantage ; parce que le produit de l'impôt sur les denrées n'étant de sa nature qu'une première portion que chaque État commence par s'arroger sur les bénéfices du commerce, portion qui devient absolument nulle quand l'État renonce à la percevoir ; il est clair que la perte effective pour cette nation, sur le résultat des échanges en tout genre, serait en raison composée de la plus grande quantité de marchandises qu'elle exporte au dehors, et de la plus grande quantité qu'elle en tire.

Je ne parle point de ce qu'elle perdrait encore du côté de la

CHAPITRE QUINZIÈME.

concurrence : on sent assez quel ascendant, les nations rivales prendraient sur elle, par la seule faculté de lui envoyer leurs marchandises franches de tout impôt ; tandis que les siennes à leur arrivée chez celles-ci, continueraient d'être soumises aux tributs ordinaires.

Le seul cas de réaliser ce système, serait que d'un commun accord toutes les nations consentissent à l'adopter en même temps ; et le commerce sans doute y gagnerait des facilités : mais outre qu'il serait dommageable à celles d'entre les nations qui ne se tiennent en équilibre avec les autres, qu'à l'aide du contrepoids de l'impôt, il faudrait encore que toutes, sans exception, pussent se passer du revenu qu'elles en retirent.

Car si vous admettez l'indispensable nécessité d'un tribut qui subvienne aux dépenses et aux besoins de l'État, il est évidemment meilleur de se fixer à l'impôt sur les denrées, qui, quand il est bien ordonné, gêne tout au plus dans certains cas la culture et les progrès de quelque branche ; que de préférer l'impôt personnel et territorial, qui de sa nature attaque directement la reproduction ; qui n'étant pas susceptible de la même extension que l'autre, devient plutôt excessif ; et qui porté une fois au-delà de ses bornes raisonnables, peut tarir tout à coup les sources de la richesse commune, en diminuant la masse des denrées qui servent de base au commerce, et de matière aux travaux de l'industrie.

D'ailleurs, il est des côtés par où l'impôt même est utile au commerce, en ce qu'il assure sa police, ou du moins qu'il y concourt : car en admettant que l'intérêt de l'État fût d'accorder au commerce une liberté indéfinie dans son objet, ce qui ferait peut-être à l'égard des denrées de subsistance, la sujet d'autant de problèmes politiques, qu'il y a d'espèces en faveur desquelles on réclame cette liberté ; au moins faudrait-il que l'usage en fût dirigé par des règles, les unes fixes, les autres instituées de manière qu'on pût sans effort apparent, les resserrer ou les relâcher, suivant les lieux et les conjonctures ; autrement point de liberté réelle, on n'en aurait que les abus. Tant l'intérêt personnel qui porte sans cesse l'homme aux excès, a besoin en toute chose d'être contenu par un frein.

Ou il est évidemment nécessaire que tout soit soumis à des lois, prétendre qu'il puisse être avantageux d'affranchir certaines parties de toutes lois, ne serait-ce point vouloir allier des contraires qui répugnent invinciblement l'un à l'autre, et placer par une absurdité sensible l'état de nature au milieu de l'état social ?

Je ne m'astreindrai pas à indiquer et à discuter successivement ici tous les rapports de la finance, avec les autres parties de l'administration ; outre que le titre de mon ouvrage ne comporte pas ces détails, j'entreprendrais un travail trop au-dessus de mes forces.

Il me suffira d'observer en général que, si quelque ressort du gouvernement est relâché, si des projets sont mal conçus ou mal exécutés ; si les déprédations et le défaut d'ordre s'introduisent dans quelque genre de dépense ; si l'intrigue et la faveur l'emportent habituellement sur le mérite, dans la distribution des places importantes ; enfin si l'on s'écarte en quelque point des maximes fondamentales de la constitution, comparées à l'état présent des choses ; chaque événement fâcheux qui en résulte, a, sur la partie de la finance, un reflux nécessaire, et la rapidité avec laquelle ils se succèdent, épuise bientôt toutes ses ressources ; en la forçant de changer ou de précipiter des mesures, dont la sagesse ou la lenteur pouvaient seules conserver ces mêmes ressources et les étendre.

Delà deux conséquences : la première, que dans toutes les opérations du gouvernement, le Souverain doit avoir perpétuellement sous les yeux la situation actuelle de ses finances ; afin que d'un côté ses vues tendent sans cesse à les améliorer par l'économie et la bonne administration ; et que de l'autre, chaque dessein qu'il forme pour la sureté, la gloire ou le bien de l'État, sait avant toutes choses combiné avec l'objet des secours pécuniaires qu'il peut se procurer sans effort.

La seconde, que la partie de la finance étant à la fois le mobile, le nerf et l'appui de toutes les autres, elle doit les précéder dans l'ordre du gouvernement ; le commerce dont les intérêts auraient seuls droit de prévaloir sur ceux de la finance, faisant cause commune avec elle dès qu'il s'agit d'administration générale ; et l'étroite connexité qu'ils ont ensemble, exigeant que la direction de l'un et de l'autre soit toujours confiée à la même main.

CHAPITRE QUINZIÈME.

ISBN : 978-1535298834

www.ingramcontent.com/pod-product-compliance
Lightning Source LLC
Chambersburg PA
CBHW070330190526
45169CB00005B/1828